Penhora Trabalhista *On-Line*

ODETE GRASSELLI

Licenciada em Direito e Legislação e Direito Aplicado. Especialista em Direito Empresarial Privado. Especialista em Direito e Processo do Trabalho. Mestra em Direito. Doutoranda pela Universidad Castilla-La Mancha, Espanha. Juíza do Trabalho no Paraná.

PENHORA TRABALHISTA *ON-LINE*

2ª edição

EDITORA LTR®
SÃO PAULO

Dados Internacionais de Catalogação na Publicação (CIP)
(Câmara Brasileira do Livro, SP, Brasil)

Grasselli, Odete
Penhora trabalhista on-line/ Odete Grasselli. — 2. ed. — São Paulo : LTr, 2007.

Bibliografia.

ISBN 978-85-361-1056-1

1. Direito do trabalho — Brasil 2. Penhora (Direito) — Brasil I. Título.

07-6764 CDU-347.952.44:331(81)

Índice para catálogo sistemático:

1. Brasil : Penhora trabalhista : Direito processual do trabalho 347.952.44:331 (81)

(Cód. 3511.0)

LTr

EDITORA LTDA.

Rua Apa, 165 — CEP 01201-904 — Fone (11) 3826-2788 — Fax (11) 3826-9180
São Paulo, SP — Brasil — www.ltr.com.br

Novembro, 2007

DEDICATÓRIA

A Deus, pelo dom da Vida; Aos meus Amigos,
Companheiros de Estrada; À minha Grande Família,
vocacionada ao Amor e ao Trabalho.
Ao meu querido irmão Osmar, in memoriam.

AGRADECIMENTOS

Especial agradecimento ao meu Caro Amigo *Célio Horst Waldraff*, paradigmático Juiz e Professor, pelo impecável juízo crítico, pelo aconselhamento, pela generosidade e pela amizade.

SUMÁRIO

APRESENTAÇÃO DA 1ª EDIÇÃO

> "Eu direi: Não admito; minha esperança é imortal.
> Eu repito, ouviram? Imortal!
> Sei que não dá para mudar o começo
> Mas, se a gente quiser, vai dar para mudar o final!"
> (Elisa Lucinda — *Só de sacanagem)*

Desde a implantação da novidade consistente na penhora *on-line*, algo mudou no processo. Pela primeira vez a jurisdição mergulhou de cabeça no hiperespaço, universo que até então margeava com timidez. Na ficção científica, *Isaac Asimov* falava do temor dos humanos de serem dominados pelas máquinas e a isso chamava de "complexo de Frankenstein". O temor até poderia ser meio corporativo: no imaginário da ficção científica não há juízes nem advogados...

Às vezes, o paranóico tem razão e há mesmo um crocodilo debaixo da cama. Segundo informações prestadas pelo Dr. *Juarez Varallo Pont*, assessor econômico do TRT paranaense, no início de 2005 do "meio circulante" apenas 46 bilhões de reais era em papel-moeda; 500 bilhões de reais consistiam em fundos em depósito bancário. Para cada dez reais em mãos de particulares, apenas um real é de papel-moeda. O resto é "dinheiro virtual".

Se não se adotasse um mecanismo ágil para a apreensão desse volátil capital digital, continuaríamos diante de uma corrida entre a lebre e a tartaruga.

Além disso, no campo estritamente processual, creio que a penhora *on-line* é a mais importante novidade desde a execução autônoma do CPC de 1973 ou a tutela antecipada da Lei n. 8.952/94.

O poeta inglês *Gilbert Chesterton* dizia que os poetas não enlouquecem, mas os jogadores de xadrez sim. Há algo de poético — ou de enlouquecedor para os positivistas — no fato de que, dentre essas preciosíssimas novidades, a penhora *on-line* não surgiu por iniciativa legislativa.

A jurisprudência e a administração da jurisdição não esperaram o legislador, que usualmente se arrasta a modorrentos "passos de cágado", assim como o futuro não espera a desídia dos juristas.

A partir da assinatura de um convênio entre o Banco Central e o TST, a novidade foi introduzida, vinculando-se à "efetividade das execuções trabalhistas e, conseqüentemente, com a credibilidade da Justiça do Trabalho".(1)

Das estatísticas anuais, sabe-se que de cada quatro processos em execução apenas um será efetivamente satisfeito. A admissão da penhora *on-line* é retrato de uma modificação de posicionamento do c. TST, seguramente impressionado com essas estatísticas estarrecedoras.

O Ministro Ronaldo José Lopes Leal, em sua posse como Presidente do TST, aproveitou a atenção de toda a opinião pública e ressaltou

> Sabemos que a execução da sentença trabalhista continua sendo um dos mais severos gargalos da Justiça do Trabalho.
>
> ... declarei a um dos mais importantes órgãos de imprensa do país que nós, juízes do trabalho, precisamos ser truculentos. Sei que a expressão foi forte demais. ... Explico que eu me referia à execução dos julgados trabalhistas quando fiz aquelas declarações.(2)

Assim, pode-se afirmar que o Convênio BACEN-JUD estimula o juízo de execução à audácia, tantas vezes necessária para impedir que a decisão transitada em julgado passe

(1) ABDALA, Vantuil. "Relatório da Corregedoria-Geral da Justiça do Trabalho". *Revista LTr: Legislação do Trabalho.* São Paulo: v. 66, n. 5, maio/2002, pp. 521-522.

(2) LEAL, Ronaldo José Lopes. "Discurso de posse". Proferido no dia 17 de abril de 2006. Disponível em http://www.tst.gov.br/

a ser "moeda podre", "já que a não-satisfação dos créditos trabalhistas reconhecidos judicialmente mancha a imagem da Justiça do Trabalho perante os trabalhadores em geral e a sociedade como um todo"[(3)].

Para a definição do perfil da novidade, um dos aspectos centrais é a sua natureza. Dizia-se que o "convênio não legislou, ou seja não inovou no campo processual"[(4)] e consistia apenas numa novidade tecnológica, derivada

> apenas, da modernização decorrente dos sistemas informatizados, propriamente operação em tempo real, através de computadores pessoais e por comunicação via *internet*.
>
> Antes se faz o que se fazia via ofício datilografado, pelo qual o Juízo pedia informações, ou por mandado onde o Juízo determinava penhora de numerários do executado na agência Bancária[(5)].

Ou seja, "o ato de penhora 'on-line' é o mesmo da penhora tradicional, e, portanto, gera os mesmos efeitos jurídicos, em nada interferindo na marcha do processo de execução"[(6)], nomeadamente a identificação e especificação do fragmento patrimonial do devedor que garante a execução, a obrigação de conservação, ineficácia de atos alienatórios e a preferência do credor sobre este segmento patrimonial identificado.

Curiosamente, a novidade foi tratada com agressiva irritação de não poucos, alegando-se uma "violação da ordem legal e democrática"[(7)], ferindo "flagrantemente garantias

---

(3) DIÓGENES, Christianne Fernandes C. "Penhora *on-line* e efetividade da prestação jurisdicional". *Repertório de Jurisprudência IOB*. São Paulo, segunda quinzena de dezembro de 2003, n. 24, vol. II, p. 714.

(4) DIÓGENES, Christianne Fernandes C. *op. cit.*, p. 716.

(5) GOMES, Lineu Miguel. "A penhora *on-line*". Disponível em http://www1.jus.com.br/doutrina/texto.asp?id=4861

(6) Conforme acórdão proferido nos autos TRT-PR-00102-2003-909-09-00-8, sendo relator o juiz Altino Pedrozo dos Santos.

(7) GOMES, Lineu Miguel. "A penhora *on-line*". Disponível em http://www1.jus.com.br/doutrina/texto.asp?id=4861.

constitucionais entre elas (podendo) ser citadas: ampla defesa, contraditório, devido processo legal, isonomia, sigilo bancário e fiscal"[8].

A resposta a esses argumentos consta do livro ora prefaciado.

Mas claro que esse séqüito de flagelos só tem como causas o inadimplemento do valor da execução e, eventualmente, o próprio estágio pré-insolvencial da executada. A execução deriva de uma relação empregatícia encerrada possivelmente há alguns anos e certificou o crédito d´algum trabalhador que há muito o deixou de receber.

Por outro lado, se a executada não tem com o que pagar e suporta contra si um acervo elevado de dívidas, aplica-se o Direito Insolvencial para a sua proteção e a proteção do mercado.

Outro aspecto central do debate construtivo travado vertia sobre a questão da competência territorial. A jurisprudência mais atualizada tem entendido que, "não há ofensa às regras atinentes à jurisdição porque esse tipo de bloqueio é uma transação bancária *on-line* como outra qualquer, sendo realizada pelo Banco Central que funciona, em casos tais, como grande carteiro[9]".

Nesse caso, o ato perpetrado é realizado na área de competência e a internet serve "de *longa manus* e possibilita a efetivação da penhora em agência distante, por intermédio de agência sob sua jurisdição. Ora, se o acesso à agência pode ser feito de qualquer agência do Banco, não há nenhum motivo para resistir ao progresso e evitar que o Poder Judiciário faça o mesmo[10]".

Aliás, tem-se admitido uma analogia ampliativa para o próprio art. 230, do CPC, uma vez que "... as novas técnicas

---

(8) REZENDE, Leandro Franco. "Penhora *on-line:* Inconstitucionalidade". *Síntese Trabalhista.* Porto Alegre, vol. 15, n. 173, novembro de 2003, p. 144.

(9) Também conforme julgamento dos autos TRT-PR-00102-2003-909-09-00-8, funcionando como relator o juiz Altino Pedrozo dos Santos.

(10) Acórdão constante dos autos TRT-PR-MS-00235-2000, sendo relator o Juiz Nacif Alcure Neto.

de comunicação permitem que seja penhorado numerário constante de conta corrente de agência situada em outra sede, não justificam a expedição de uma carta precatória... promovendo a agilização da execução[11]".

De qualquer forma, o *ordenamento* jurídico sofreu uma forte modificação com o advento da Lei Complementar de n. 118/2005, que alterou o Código Tributário Nacional[12] e que admite a indisponibilidade de bens e de direitos comunicados preferencialmente por meio eletrônico às autoridades competentes (art. 185-A).

Essa novidade do campo da execução tributária evidentemente é impactante no campo do Processo do Trabalho, em vista de sua supletividade na forma do art. 889, celetário.

A penhora *on-line* teve a sua eficácia afirmada no campo trabalhista. A eloqüência dos seus efeitos práticos foi apropriada pelo legislador, utilizando-a, todavia, na área da execução tributária!

Também essa desconstrução deve inspirar os operadores jurídicos a não mais se esconderem na demora de soluções pelo legislador.

O poeta *Carlos Drummond de Andrade* coligiu, em um poema, que "a porta da verdade estava aberta, mas só deixava passar meia pessoa de cada vez. Assim não era possível atingir toda a verdade, porque a meia pessoa que entrava só trazia o perfil de meia verdade".

A palavra grega para "verdade" é " aletheia" e que significa "desvelamento". Os gregos diziam que "o ser revela-se aos poucos".

---

(11) Acórdão proferido nos autos TRT-PR-AP-04624, sendo relatora a Juíza Rosemarie Dietrich Pimpão.

(12) Recentemente a Comissão de Trabalho, Administração e Serviços Públicos da Câmara dos Deputados rejeitou o Projeto de Lei de n. 2.597/03, de autoria do deputado César Bandeira, do PFL/MA, com Parecer negativo aprovado na Comissão de Trabalho, Administração e Serviços Públicos da Câmara dos Deputados em 26 de maio de 2004.

Não é à toa que uma das designações para a decisão judicial é "veredito", o "dizer a verdade". A verdade do processo, a verdade conquistada pelo processo, a verdade construída pelo juiz, pelo hermeneuta ou pelo operador jurídico.

Trata a Dra. *Odete Grasselli* de uma verdade cuja construção participou intensamente, por sua atividade profissional na área trabalhista. O livro, ora prefaciado, é fruto de estudos patrocinados pela Escola da Associação dos Magistrados do Trabalho da 9ª Região e coloca luzes na tentativa de apaziguar a angústia pessoal e profissional da autora de tornar a jurisdição mais efetiva.

A autora é nossa colega na Magistratura do Trabalho do Paraná. É filha da cidade de *Bento Gonçalves* e cumpre a missão dos Farroupilhas, destacada no frontispício de seu jornal "O Americano": "Guerra fazer ao despotismo insano, a virtude seguir, calcar o vício, eis o dever de um livre Americano".

A colega e amiga *Odete Grasselli*, nascida no "Rio Grande amado", mas que adotou e foi adotada pelo Paraná, é um orgulho para gaúchos e paranaenses, para os Juízes do Trabalho, mas principalmente para os cultores do Direito do Trabalho.

Cumpriu a receita do também gaúcho *Mário Quintana*: "Não corra atrás de borboletas; cultive o seu jardim e elas virão até você".

Curitiba, outono de 2006.

Célio Horst Waldraff

Mestre e Doutor em Direito pela UFPR e Mestre pela *Universidad Internacional de Andalucia*, Espanha. Professor de Direito Processual do Trabalho. Juiz do Tribunal do Trabalho do Paraná.

APRESENTAÇÃO DA 2ª EDIÇÃO

O Reflexo da Crise Ética no Processo Judicial

É do trinômio corrupção, inadimplência e impunidade que se consubstancia a atual *crise ética*. Problema cardeal que assola o país. Corolário disso é a malsinada indústria da fraude à execução trabalhista: artimanhas engendradas a partir de brechas normativas, cujos mentores, na maioria das vezes, são advogados trabalhistas, comercialistas, tributaristas e contadores, que, a pedido de empresários inadimplentes e inescrupulosos, colimam frustrar a satisfação do crédito trabalhista[(1)].

Será que as lacunas da lei, propiciadoras de tais manobras fraudulentas, são frutos de um "descuido do legislador", "silêncio eloqüente" ou "adrêdes"? *Jorge Souto Maior* adverte que a própria identificação das lacunas possui um dado ideológico, chegando a sustentar a "existência de lacunas axiológicas da lei"[(2)].

Por que razão uma ação plúrima de cobrança de benefício previdenciário, intentada por dezenas de aposentados, demora

(1) Exemplos reluzentes noticiados pela mídia envolvem as empresas ENCOL, Palace I, Banco da Bahia, Mappin, Construção do TRT — SP pelo Grupo OK do ex-senador Luis Estevão, entre outros.

(2) MAIOR, Jorge Luiz Souto. *O direito do trabalho como instrumento de justiça social*. SP: LTr, 2000, p. 212. O autor observa que isso ocorre "quando a lei, embora regulando a matéria, não o faça de forma eficiente para preservar os valores que se visualizou preservar com a norma, pregando-se que seu preenchimento pode-se dar pela aplicação dos princípios gerais de direito, e, no caso do direito do trabalho, pela noção de justiça social, que vem recebendo o *status* de princípio desse ramo do direito". Mas essa situação é paradoxal, acrescenta o autor, podendo "conduzir a uma redução do rigor protetivo da lei, de modo a amoldar-se às exigências da produção, sendo, aliás, o que tem ocorrido com maior freqüência nos tempos atuais". Nesse sentido consultar também Héctor-Hugo BARBAGELATA, O particularismo do direito do trabalho. SP: LTr, 1996, p. 113.

mais de dez anos para ser ultimada e outra, para despejar a ocupação de dezenas de agricultores sem-terra, aforada por um único latifundiário, leva apenas dez dias para obter liminar satisfativa de reintegração de posse?

Ainda: por que razão o crédito trabalhista, de natureza alimentícia, vem sendo vítima de legislação tão frouxa capaz de contemplar incidentes que apenas postergam o processo de execução em detrimento da efetividade dos direitos sociais? Cite-se, a título ilustrativo, o disparate introduzido pela MP n. 2.180-35, DOU, de 27.8.01, que acresceu o § 5º ao art. 884 da CLT, dispondo:

> "Considera-se inexigível o título judicial fundado em lei ou ato normativo declarados inconstitucionais pelo Supremo Tribunal Federal ou em aplicação ou interpretação tidas por incompatíveis com a Constituição Federal."

Agora já não basta a exagerada demora do trâmite processual trabalhista que permite interposição de Recurso Ordinário, Embargos Declaratórios, Recurso de Revista, Embargos para a SDI e Recurso Extraordinário. Após o jurisdicionado percorrer todo este árduo *iter*, a sentença condenatória ainda poderá se tornar "inexigível" pela simples argüição de uma das amplas hipóteses do § 5º do art. 844 da CLT. A medida, além de tumultuária, é inconstitucional em face de sua flagrante lesão ao princípio da proporcionalidade e da coisa julgada (art. 5º, XXXVI, da CF/88). É, pois, incompreensível a intenção do legislador que prefere dificultar do que facilitar a satisfação do crédito trabalhista.

Banalização do Ilícito Trabalhista

Lamenta-se ainda que boa parte dessas inovações normativas está sendo apoiada ou introduzida por projetos do Tribunal Superior do Trabalho que, sob o argumento de diminuir o número de processos judiciais, acaba ignorando o fato de que subjacente ao título judicial exeqüível encontra-se a contumaz inadimplência do empregador em relação a direitos trabalhistas contemplados na legislação. Cite-se, por exemplo, as chamadas eficácias liberatórias plenas, previstas no parágrafo único do art. 625-E, da CLT, referentes a acordos realizados em sede de Comissões de Conciliação Prévia. O trabalhador, premido pela demora do Judiciário, negocia duas ou três verbas em troca da quitação plena do contrato de trabalho. Pior: havendo silêncio ou descuido na aposição de ressalvas por parte do aderente, a transação extrajudicial será interpretada de forma ampla e *in pejus* ao empregado, em manifesta ofensa ao art. 1.027 do Código Civil. Igual sorte ocorre com a indigitada Súmula n. 330 do TST; criação jurisprudencial que, além de ilegal, vem na contramão da dialética que norteia a relação entre empregado e empregador. Uma realidade de coação e submissão do trabalho ao capital.

Este fenômeno que pode ser alcunhado de "banalização do ilícito trabalhista" é fruto do modelo de Estado que vivenciamos. O Neoliberalismo prioriza o econômico em detrimento do social, dogmatiza a lei de mercado em desprezo à lei trabalhista. A propósito, é correta a inferência de *Roberto Lyra Filho*: "a lei sempre emana do Estado e permanece, em última análise, ligada à classe dominante, pois o Estado, como sistema de órgãos que regem a sociedade politicamente organizada, fica sob o controle daqueles que comandam o processo econômico"[(3)].

Logo, a chamada "neutralidade do Direito", proclamada no Positivismo Jurídico do século XIX, constitui-se, hoje, num verdadeiro "discurso mitificado". A avassaladora ideologia neoliberal influencia o Direito que passa a ter o papel de legitimar a maximização do lucro e a precarização da mão-de-obra ainda que assim o faça através de motes dissimulados como o da "competitividade da empresa" ou "flexibilização das relações de trabalho".

Na esfera judicial o crédito trabalhista também sofre com o instituto da prescrição que, sob o fundamento de assegurar

(3) LYRA FILHO, Roberto. *O direito achado na rua*. Brasília: Ed. Universidade de Brasília, p. 36.

a paz social ou punir a inércia do titular, acaba fulminando, de forma automática, direitos trabalhistas a cada cinco anos. Pior ainda é a hipótese de "prescrição total", criação jurisprudencial infeliz, prevista na Súmula n. 294 do TST, que acaba por proteger o infrator em detrimento do credor hipossuficiente.

Diante disso é de se perguntar: a lei trabalhista não visa à proteção do trabalhador? Mais: a Justiça não é igual para todos? *Mauro Capelleti* responde: "A justiça é igual para todos; mas é pouco mais igual para os ricos e um pouco menos igual para os pobres"(4).

Instrumentos de Efetividade do Processo Judicial

Tais constatações são feitas para ressaltar a importância de alguns poucos institutos jurídicos que, resistindo à onda neoliberal, são utilizados como instrumento de efetividade do crédito judicial do hipossuficiente, tais como a *disregard doctrine;* a fraude à execução; a aplicação da multa prevista no art. 475-J do CPC e a penhora *on-line* prevista inicialmente no Provimento n. 01/2003 da Corregedoria Geral da Justiça do Trabalho, o qual deu conformação prática à determinação judicial de contrição dos ativos financeiros, através da utilização do Sistema Bacen-Jud.

Não há a menor dúvida de que a possibilidade de penhora *on-line* por parte do juízo da execução trabalhista é uma das mais eficazes medidas judiciais implementadas nas últimas décadas. Digna de todos os aplausos, o sistema de bloqueio eletrônico traz efetividade ao processo judicial e combate em cheio a cultura da sonegação e da protelação do pagamento de dívidas judiciais.

Odete Grasselli foi muito feliz em sistematizar esse procedimento e suas imbricações no processo do trabalho. E assim o faz com maestria e clareza de quem conduz, na

(4) CAPELLETI, Mauro. *Proceso, ideologías, sociedad*. Buenos Aires: EJEA — Ediciones Jurídicas Europa-América, 1974, p. 155.

prática, as execuções trabalhistas há mais de quinze anos, na qualidade de magistrada federal do trabalho. Logo, não é por acaso que a obra chega em sua 2ª Edição em pouco mais de um ano.

Com uma linguagem clara, escorreita e objetiva, a autora preocupa-se em tornar-se didática, fazendo menção expressa aos dispositivos de lei citados no texto, o que facilita a compreensão e o manejamento do tema por parte do leitor.

A partir da leitura da obra "Penhora trabalhista *on-line*", pela Editora LTr, ficamos convictos de que o bloqueio eletrônico de dinheiro em conta corrente é um procedimento que está produzindo resultados positivos na execução trabalhista. Os eventuais erros e excessos porventura existentes estão sendo sanados com o aperfeiçoamento do sistema Bacen-Jud, conforme bem esclarece a autora:

> "Enfatize-se, por oportuno, a necessidade de contínuas criações de novas versões do programa de penhora em questão, objetivando, com essas providências, o seu aperfeiçoamento e sua atualização em tempo real, considerando a diária evolução da pertinente tecnologia, a exemplo do chamado Sistema Bacen Jud 2.0. Segundo o Manual Básico do Banco Central do Brasil, às funcionalidades já existentes no Sistema, acrescentam-se, dentre outras: 'a) respostas eletrônicas das instituições financeiras; b) ordens eletrônicas de transferência de valores bloqueados para contas judiciais; c) controle de respostas das instituições financeiras, com estatísticas de inadimplência; d) cadastro atualizado das Varas/Juízos; e e) comunicado de suspensão e reativação de falência'. Ressalta-se, no corpo de regras, que a grande inovação consiste na inserção no Sistema das respostas das instituições financeiras. Essas respostas, antes confeccionadas manualmente e encaminhadas em papel (por correio), que muitas vezes demoravam trinta

> dias ou mais para chegarem aos autos, agora serão encaminhadas eletronicamente, sem contato manual (regra geral) e serão disponibilizadas aos juízos no prazo aproximado de 48 horas após a emissão da ordem."

Nesta 2ª edição, *Odete Grasselli* comenta com acuidade a Lei n. 11.382, de 6.12.06, na parte que introduziu o art. 655-A, do CPC, contemplando expressamente o bloqueio eletrônico. Da mesma forma faz interessante abordagem acerca do art. 649, *caput* e inciso X, também do CPC, o qual limita a penhora em conta poupança até 40 salários mínimos.

Odete, ao defender a penhora *on-line*, enfrenta todas as críticas que o sistema vem sofrendo por parte de seus opositores. Uma delas que merece transcrição é a questão do excesso proveniente de penhoras sucessivas e cumulativas. Assim refuta a magistrada:

> "Sem procedência articulações dessa índole, considerando-se que justamente uma das virtudes da penhora eletrônica reside na circunstância de bloquear, simultaneamente, uma, duas ou mais contas correntes do devedor, ou investimentos por ele titularizados nas diversas agências ou instituições financeiras localizadas em diferentes cidades, muitas delas além da jurisdição do juízo executivo. Não se trata, por motivos lógico-jurídicos, da intitulada penhora sucessiva, e sim da unicidade própria do ato constritivo judicial, evidentemente com o *objetivo de alcançar apenas o valor total da execução*."

Conforme assinala *Marcelo Oliveira*, e ratificado por *Odete Grasselli*, "as críticas ao bloqueio eletrônico previsto no Provimento n. 01/2003 são muito mais decorrentes do baixo grau de efetividade da execução trabalhista até então (que fez com que os devedores se acostumassem ao não-pagamento do crédito trabalhista) e muito menos de efetiva ilegalidade do sistema, que, aliás, é defendido pelas associações de magistrados (ANAMATRA) e de advogados (OAB, ABRAT,

ALAL), em nota entregue pela Comissão Mista de Reforma Trabalhista à Comissão de Trabalho, Administração e Serviço Público da Câmara dos Deputados"[(5)].

O êxito do sistema Bacen-Jud é tamanho que, em maio de 2004, a Câmara dos Deputados, rejeitou o Projeto de Lei n. 2.597/03 que tencionava eliminar a sua utilização pela Justiça do Trabalho.

Parabéns à Autora por essa 2ª Edição. Parabéns à Editora LTr por editar obra tão profícua a nós operadores jurídicos do direito do trabalho.

José Affonso Dallegrave Neto

Advogado, Mestre e Doutor pela UFPR; Membro do Instituto dos Advogados Brasileiros; Membro da Academia Nacional de Direito do Trabalho; Membro da JUTRA — Associção luso-brasileira de juristas do trabalho.

(5) OLIVEIRA, Marcelo Augusto Souto de. Penhora *on-line* na execução trabalhista. *Trabalho em Revista*. Encarte de Doutrina "O Trabalho", fascículo n. 89, agosto/2004, pp. 2.272.

INTRODUÇÃO

A execução laboral sempre ocasionou incessantes preocupações ao Judiciário Trabalhista. Reconhecidamente célere em face dos demais ramos do Poder Judiciário nacional, há percalços que estrangulam a eficiência nessa matéria executiva. Resultado da indesejável desobediência ao disposto no art. 655 do Código de Processo Civil quanto à ordem de gradação legal para a nomeação de bens à penhora, mormente pelo devedor-executado.

Rotineiras frustrações obreiras provenientes de almoedas sem êxito após constrições judiciais. Em questão, pois, a real utilidade prática do processo executivo.

Semelhante conjuntura, num mundo em que as informações são instantâneas em razão da tecnologia e da informática, ensejou a admissibilidade da constrição judicial eletrônica, nominada penhora *on-line*. A excelência do interesse da administração da justiça não apenas no sentido de compor o litígio posto a desate, mas, sobretudo, de conferir plena efetividade às suas decisões, e a hipossuficiência do trabalhador, que tem nos seus créditos trabalhistas a única forma de sobrevivência, própria e de seus familiares, garantem sua incondicionada e plena utilização na seara laboral, jamais em caráter excepcional e subsidiário.

Como sói acontecer, toda novidade instrumental surgida no âmbito processual, capaz de gerar conseqüências práticas satisfatórias, produz reações adversas, sobretudo no ramo do judiciário em questão em que pululam sensíveis interesses conflitantes, justificadores, por sinal, de sua defasagem histórica, seja por conveniência, seja pela simples falta de interesse político quanto à sua modernização.

A penhora *on-line*, que bem traduz essa nova sistemática de apresamento de bens (dinheiro), surge exatamente em meio a esse cenário, revestida, à evidência, das naturais virtudes e deficiências.

Propõe-se, para apreciação da real estrutura jurídica da penhora eletrônica, uma sutil passagem pelos meandros das relações do trabalhador e suas lides judiciais trabalhistas. Adentra-se na questão do processo e sua efetividade, do convênio estabelecido entre o Banco Central do Brasil e o Superior Tribunal do Trabalho, propulsor da utilização em larga escala da penhora em comento pelo Judiciário Trabalhista, fixando-se nesta especial atenção em sua generalidade, natureza jurídica, efeitos e primordiais funções.

Na seqüência, e alvo fundamental, lapida-se o evento penhora trabalhista *on-line* desde sua gênese, essência e fundamentos, até os vícios explicitados pela doutrina.

1. PERFIL

Destaca-se, pela flagrante evidência, a inferioridade econômico-jurídica do empregado perante o seu empregador. Sendo, pois, notório e incontroverso esse real estado de hipossuficiência, incrusta-se no obreiro com tamanha energia a ponto mesmo de lhe constituir um verdadeiro apanágio no âmbito justrabalhista. Como se fosse uma autêntica insígnia, segue-o eternamente. Estigmatiza-o, submetendo-o, amiúde, às imposições do superior hierárquico e às constantes mutações verificadas no mercado de trabalho, cada vez mais raro e exigente.

Por isso mesmo trabalha sob forte coação psicológica. Está fadado a conviver diuturnamente com a natural preocupação de a qualquer momento perder o seu posto de trabalho; quiçá a sua única fonte idônea para obtenção dos meios necessários ao sustento próprio e dos seus familiares. Essa pressão intensifica-se com o passar do tempo, máxime quando se tem a plena certeza de que o fantasma do desemprego ainda ronda e se mantém consistente em solo pátrio, como se fosse, ou alcançasse, hodiernamente, as proporções de um surto endêmico.

Deveras, o risco de ser despedido é iminente. Salvo raríssimas exceções — as chamadas estabilidades provisórias — nosso ordenamento jurídico despreocupa-se com a tutela do emprego. Muito pouco (ou quase nada) se faz no sentido de assegurá-lo a quem mais dele precisa. A tendência, atroz, deságua no agravamento desse quadro caótico, sobretudo quando se concebe a dispensa como sendo um direito subjetivo potestativo do empregador, tese essa consagrada pela doutrina ou concepção clássica, e ainda vigorante no Brasil.

As técnicas de conservação preconizadas têm se mostrado ineficazes à efetiva salvaguarda do contrato de trabalho em face da notória fragilidade do sistema justrabalhista brasileiro, possibilitando, destarte, a formação de uma série de vícios, tais as dispensas retaliativas, caracterizada pela represália a uma atitude legítima do empregado (*v. g.*, ingresso de uma reclamação trabalhista), ou, então, para obstar a aquisição de algum direito resultante do fator "tempo de trabalho", como por exemplo, a elevação dos níveis salariais, aviso prévio superior a trinta dias, consoante negociação coletiva, adicional por tempo de serviço, etc.(1)

Sentindo-se tungado nesse e noutros direitos, adquiridos durante a vigência contratual, e não satisfeitos espontaneamente pelo ex-empregador, inicia-se para o trabalhador uma íngreme escalada. Deflagra-se, assim, o vínculo jurídico-processual objetivando a reparação do dano.

Na fase cognitiva, que já enseja demasiado tempo, há, normalmente, pronunciamento judicial de direitos diversos. Na seqüência, instaura-se, então, a fase executiva, em que reside o ponto crucial e mais preocupante ao exeqüente, caracterizado pela existência de inúmeros incidentes processuais eternizando o feito (CLT, art. 879, § 2º)(2), quando não sem a devida compensação pecuniária.

No curso da execução, comuníssimo que a empresa devedora opte pela indicação de bens, que, às vezes, caracterizam-se pela dificuldade de comercialização. Além do que há intervenção da Autarquia Previdenciária, como de lei (CLT, art. 879, § 3º)(3).

---

(1) NASCIMENTO, Amauri Mascaro. *Curso de direito do trabalho*, 9ª ed., São Paulo: Saraiva, 1991, pp. 288-395.

(2) "§ 2º Elaborada a conta e tornada líquida, o Juiz poderá abrir às partes prazo sucessivo de 10 (dez) dias para impugnação fundamentada com a indicação dos itens e valores objeto da discordância, sob pena de preclusão".

(3) "§ 3º Elaborada a conta pela parte ou pelos órgãos auxiliares da Justiça do Trabalho, o Juiz procederá à intimação por via postal do Instituto Nacional do Seguro Social — INSS, por intermédio do órgão competente, para manifestação, no prazo de 10 (dez dias), sob pena de preclusão".

Não bastasse, normalmente não há observância do estatuído no art. 655 do CPC[4], de aplicação supletória ao trabalhista, *ex vi* do art. 769[5] da Consolidação das Leis do Trabalho.

O Juízo Especializado e o credor-exeqüente, autônoma ou concorrentemente, peregrinam em busca de novos bens tendentes à efetivação do apresamento judicial. Depara-se, seguidamente, com a inexistência deles; noutras hipóteses, encontram-se vinculados a terceiros (*v. g.*, os alienados fiduciariamente); outras coisas estão, momentaneamente, situadas na posse de pessoas alheias à relação processual, artifício utilizado pela empresa devedora objetivando afastá-los da incidência da penhora.

Nessa perspectiva, rareiam-se, sobremaneira, as oportunidades para concretizar o título executivo judicial. Nem mesmo o apresamento judicial dos bens integrantes do patrimônio dos sócios tem efeitos extremamente positivos à execução na questão da efetividade.

A penhora trabalhista *on-line*, fruto de um convênio firmado entre o Banco Central do Brasil e o Tribunal Superior do Trabalho (TST) — Sistema Bacen Jud — em março de 2002, tem amenizado as conseqüências nefastas da ineficácia da execução trabalhista.

Criticada e, ao mesmo tempo, saudada por doutrinadores justrabalhistas diversos, revela-se outro instrumento dos Juízes do Trabalho para tornar pouco mais célere o processo executório e tentar afastar o somatizado sentimento de não-eficácia da própria ordem jurídica.

---

(4) "A penhora observará, preferencialmente, a seguinte ordem:

I — dinheiro, em espécie ou em depósito ou aplicação em instituição financeira; II — veículos de via terrestre; III — bens móveis em geral; IV — bens imóveis; V — navios e aeronaves; VI — ações e quotas de sociedades empresárias; VII — percentual do faturamento de empresa devedora; VIII — pedras e metais preciosos; IX — títulos da dívida pública da União, Estados e Distrito Federal, com cotação em mercado; X — títulos e valores mobiliários com cotação em mercado; XI — outros direitos; ...".

(5) "Nos casos omissos, o direito processual comum será fonte subsidiária do direito processual do trabalho, exceto naquilo em que for incompatível com as normas deste Título".

2. O PROCESSO E SUA RESOLUÇÃO[1]

Brado continuamente estrangulado pelos que interagem no campo jurídico e pelos que necessitam dos préstimos dos atores sociais e do próprio Estado para a aniquilação de embates respeita às questões temporais. Como tempo é vida, "O tempo do processo angustia os litigantes; todos conhecem os males que a pendência da lide pode produzir. Por outro lado, a demora processual é tanto mais insuportável quanto menos resistente economicamente é a parte, o que vem a agravar a quase que insuperável desigualdade substancial no procedimento. O tempo, como se pode sentir, é um dos grandes adversários do ideal de efetividade do processo".[2]

Fatos geradores da morosidade que afetam a via executiva do processo? Diversos, mas o efetivamente nefasto é o decorrente da opção política dos que detêm o poder, na medida em que todos os direitos e garantias individuais e coletivas assegurados na Constituição e conferidos a quem de direito, por meio de uma decisão transitada em julgado, são concretamente diferidos, quando não sonegados. A forma acolhida aparentemente transcorre dentro da legalidade, posto que normalmente a legitimação realiza-se mediante edição de normas jurídicas, revelando, sem dúvida, o "... uso arbitrário do poder..."[3]. Há, na verdade, manifesta e proposital ausência de desejo político na agilização de processos judiciais. Mas, subjacente

(1) O escrito contém excertos, diversos, pertinentes ao intitulado *Empregado em face do Empregador, pessoa jurídica, na contemporaneidade:* uma questão de desconsideração, mesma autoria, dissertação apresentada no curso de Mestrado em Direito, Universidade Federal do Paraná, ano de 2003.

(2) MARINONI, Luiz Guilherme (Org.). "Efetividade do processo e tutela antecipatória". *In*: *O processo civil contemporâneo*. Curitiba: Juruá, 1994, p. 116.

(3) MARINONI, Luiz Guilherme. *Novas linhas do processo civil*. 4ª ed., São Paulo: Malheiros, 2000, p. 33.

a essa falta de vontade, encontra-se interesse outro, ainda mais perverso, consistente na restrição, cada vez maior, da possibilidade de apelo da população ao Judiciário. Paralelamente vislumbram-se outras tantas dificuldades, a exemplo da onerosidade pecuniária excessiva do processo (custo da ação) e da insuficiência do aparelhamento material, financeiro, e, notadamente, humano, em tudo havendo excessiva desproporcionalidade ao número de habitantes.

Mesmo dispondo o indivíduo dos préstimos de profissional capacitado e eticamente engajado na questão, o processo continua sempre emperrado; não anda; parece eternizar-se. É como se estivéssemos diante de um jogo de ganhos e perdas, em que o sucesso de poucos reflete a infelicidade da maioria.

> "A lentidão pode favorecer a parte economicamente mais forte em detrimento da menos favorecida (quase sempre observado em processos trabalhistas); a demora da justiça pode pressionar os economicamente mais débeis a aceitar acordos nem sempre razoáveis. O que ocorre na Justiça do Trabalho é extremamente expressivo, já que, não raro, o trabalhador, por não poder suportar a espera daquilo que lhe é devido, aceita conciliar em condições favoráveis à parte reclamada"(4) (acrescenta-se).

"É bem por isso que o Direito do Trabalho estrutura em seu interior, com suas regras, institutos, princípios e presunções próprias, uma teia de proteção à parte hipossuficiente na relação empregatícia — o obreiro —, visando a retificar (ou atenuar), no plano jurídico, o desequilíbrio inerente ao plano fático do contrato de trabalho"(5). Ou seja: cria-se uma desigualdade jurídica favorável ao obreiro para se corrigir (ou mitigar) o desnivelamento econômico perante o seu empre-

---

(4) *Ibidem*, p. 35.

(5) DELGADO, Mauricio Godinho. *Curso de direito do trabalho*. 2ª ed., São Paulo: LTr, 2003, pp. 196-197.

gador. A situação é perfeitamente compreensível, e explica-se *per se*. De fato, apraz ao reconhecidamente devedor em face de processo judicial diferir a satisfação das dívidas contraídas. Quanto mais longínquo o prazo estipulado para essa finalidade, melhor lhe convém. Ora, realmente o tempo do processo viabiliza a obtenção de vantagem pecuniária indevida, máxime quando se tratar de pagamento ajustado via conciliação judicial.

Oprimido, o credor vê-se obrigado a receber importâncias inferiores àquelas efetiva e legalmente exigíveis, mesmo já tramitando o processo executório. E, quando garantido o juízo da execução, mediante depósito judicial do débito respectivo, a situação crítica do obreiro persiste imutável. Agora se vê compelido a aceitar a correção monetária aplicada sobre o débito judicial sensivelmente inferior àquela incidente sobre os empréstimos financeiros contraídos perante as instituições de crédito ou sobre toda sorte de aplicações financeiras.

Neste calidoscópio, inserida especificamente a indenização pecuniária trabalhista decorrente de verbas contratuais inadimplidas, dessume-se ilusoriamente que, "... por ser privilegiado segundo o Código Tributário Nacional, o crédito trabalhista é sempre pensado em primeiro plano, ou seja, é sempre priorizado pelos diversos sistemas de controle que integram a complexa burocracia pública".[6] Mera retórica, porém, haja vista que:

> "Em nosso país, é mais cômodo ser devedor trabalhista do que devedor junto ao Fisco Municipal, Estadual ou Federal (e, quanto a este último, consideremos também aquele que tem dívidas com o INSS), já que as restrições legais para o inadimplente trabalhista são infinitamente menores, sem falar nos juros trabalhistas que estão em patamares bem distantes da taxa SELIC cobrada pela Fazenda Pública Federal, por exemplo.

(6) CHAVES, L. A. "Em busca da proteção ao crédito trabalhista". *Jornal Gazeta* — Informativo da Associação Nacional dos Magistrados da Justiça do Trabalho, Brasília, ano VII, n. 33, mar. 2003. p. 3.

Cuida-se de uma gritante distorção, despida de qualquer fundamento conceitual, na medida em que o crédito trabalhista, por seu caráter alimentar e sua posição privilegiada até mesmo diante o crédito previdenciário, deveria receber maior controle das autoridades públicas, num movimento integrado de proteção social ao cumprimento da legislação trabalhista e às decisões emanadas dos diversos órgãos da Justiça do Trabalho".[7]

De qualquer forma, é bom que se registre, nesse comenos, o fato de que muitos operadores do Direito Material e Processual do Trabalho cogitam, ainda como instrumento alternativo, a hipótese de prisão civil do devedor laboral (empregador pessoa física, sócio-proprietário, gerentes, etc.), porquanto, ostentando os créditos do empregado nítido caráter alimentar, em nada se diferencia, sob o prisma teleológico, da pensão alimentícia, conforme se infere do preceito insculpido no § 1º-A do art. 100 da nossa Carta Magna[8]. Ambos, invariavelmente, destinam-se ao sustento próprio do credor e dos seus dependentes.

"Mas o tempo não pode servir de empeço à realização do Direito."[9] As adversidades, os percalços e os desvios das trilhas legais e processuais não são óbices e em hipótese alguma devem desestimular o cidadão comum na necessária busca da tutela jurisdicional ofertada pelo próprio Estado, reforçando a campanha encampada pelos interessados pela sua inanição em qualquer preço e tempo.

"Nessa perspectiva, como se percebe, a ação não se exaure com a sua mera propositura ou com a constatação

---

(7) *Idem*.

(8) "§ 1º-A. Os débitos de natureza alimentícia compreendem aqueles decorrentes de salários, vencimentos, proventos, pensões e suas complementações, benefícios previdenciários e indenizações por morte ou invalidez, fundadas na responsabilidade civil, em virtude de sentença transitada em julgado".

(9) MARINONI, Luiz Guilherme. *O processo civil... cit.*, p. 116.

dos seus requisitos existenciais, mas configura direito ao procedimento, à cognição, ao provimento e aos meios coercitivos adequados à pretensão de direito material".(10) Resulta, daí, a necessidade de se possuir "... um sistema processual capaz de servir de eficiente caminho à ordem jurídica justa. Para tanto, não só é preciso ter a consciência dos objetivos a atingir, como também conhecer e saber superar os óbices econômicos e jurídicos que se antepõem ao livre acesso à justiça".(11)

Para tal mister é necessário que se tenha extrema confiança no sistema jurídico vigente, em toda a sua extensão, mormente em se tratando da efetividade do processo judicial. Certo, também, que "a figura da segurança jurídica não se autonomiza em relação à da justiça ou eqüidade para a adoção da solução jurídica. São na verdade valores complementares, que se integram em uma tensão dialética, na qual ao final a segurança jurídica é apenas mais um ingrediente para a configuração de uma solução justa".(12)

Induvidosamente, "A eficácia do processo executório constitui-se no âmago da prestação jurisdicional e, sem ela, de nada valem os atos pretéritos, as sentenças e acórdãos bem fundamentados, as petições pertinentes, as provas, as testemunhas. O momento da entrega concreta do valor correspondente ao direito reconhecido não tem igual noutra fase da lide"(13), especialmente em matéria do trabalho, de índole alimentar e, como tal, privilegiadíssimo.

Nada obstante, a execução trabalhista acaba se tornando uma angústia para o credor-exeqüente. Segundo *Martins*,

(10) *Ibidem*, p. 117.

(11) CINTRA, Antonio Carlos de Araújo; GRINOVER; Ada Pellegrini; DINAMARCO, Cândido Rangel. *Teoria geral do processo*. 20ª ed., São Paulo: Malheiros, 2004, p. 41.

(12) WALDRAFF, Célio Horst. *Direito adquirido e (in) segurança jurídica* — as diferenças salariais dos planos econômicos. São Paulo: LTr, 2000, p. 204.

(13) FAVA, Marcos Neves. "Penhora 'on-line' e o bloqueio de créditos futuros. A quem serve a execução de título judicial trabalhista?" *Genesis — Revista do Direito do Trabalho*, Curitiba, mar. 2002, p. 372.

"A demora na entrega da prestação jurisdicional e da efetividade da execução traz descontentamento, estimula o descumprimento da sentença, potencializa novo conflito ou o eterniza e gera descrédito do Poder Judiciário. Enquanto o credor não receber o que lhe foi assegurado pela sentença, ficará insatisfeito, desapontado, permanecendo o estado de litigiosidade, pois o credor ganhou, mas não conseguiu receber".[14] Por isso mesmo,

> "Quanto mais o processo é eficaz — ou seja, mais célere, econômico, simples e justo — menos o empregado precisa dele: o princípio da tutela se realiza espontaneamente, ou, se preferirmos, pela simples ameaça de sanção, que se faz maior. (...) É por isso que a relação processual sofre as mesmas pressões que afetam o vínculo material. Se o ideal de tutela se enfraquece aqui, também se fragiliza ali — afetando todos os princípios que lhe são conseqüentes. Essa tendência antropofágica do processo do trabalho o empurra, cada vez mais, rumo ao processo civil, tal como acontece no direito material. Não é à toa que se pretende (pretendia, diga-se) acabar com a Justiça do Trabalho... Na verdade, há certa lógica nisso".[15] (acresce-se).

Necessário, por fim, enfatizar que o Magistrado, ao presidir o processo de execução, também deve, necessariamente, preservar a sobredita segurança jurídica. Exige-se, portanto, "... o respeito à legalidade no trato do processo pelo juiz. No de conhecimento, ele tem condições de influir no teor

(14) MARTINS, Sérgio Pinto. *Direito processual do trabalho*. 22ª ed., São Paulo: Atlas, 2004, p. 649.

(15) VIANA, Márcio Túlio. "A proteção social do trabalhador no mundo globalizado". *Revista da Associação Nacional dos Magistrados do Trabalho*, Brasília, n. 37, ago.1999, pp. 47-48.

da decisão que virá; no executivo, pode influir no bom ou mau êxito dos resultados práticos visados, maior ou menor sacrifício para o devedor; em ambos, depende dele em boa parte a presteza da obtenção dos resultados".[16] Para tanto a legislação trabalhista outorgou-lhe, de maneira expressa, o poder-faculdade não apenas de promover essa relação processual executiva, mas, também, para a realização prática do conjunto de atos integrantes do procedimento, exceto se, em dado momento, a atuação da parte interessada no desfecho da questão for indispensável.[17]

(16) DINAMARCO, Cândido Rangel. *A instrumentalidade do processo*. 8ª ed., São Paulo: Malheiros, 2000, p. 200.

(17) TEIXEIRA FILHO, Manoel Antonio. *Execução no processo do trabalho*. 4ª ed., São Paulo: LTr, 1994, p. 124.

3. O SISTEMA BACEN JUD

Generalizou-se, desde há muito, no contexto social, um clamor uníssono tanto pela agilização da prestação jurisdicional, quanto pela sua real eficácia, como já enfatizado. Em vista disso,

> "... o direito processual está comprometido com a rápida e eficiente tutela dos direitos subjetivos lesados ou ameaçados (CF, art. 5º, XXXV); nem sempre o itinerário longo e demorado do procedimento ordinário se revela adequado a realizar sua importante missão (justiça tardia quase sempre se traduz em injustiça). Nota-se no direito processual moderno uma forte tendência a criar procedimentos diferenciados para fugir dos inconvenientes da tutela tardonha e propiciar ao jurisdicionado provimento compatível com as necessidades da fiel realização do direito material".[(1)]

Embora a CLT tenha recebido nos últimos tempos esparsos reparos, na prática eles têm se mostrado ineficazes às finalidades para as quais foram instituídos. *Giglio* acertadamente aduz que o intuito "... óbvio do legislador foi imprimir maior celeridade à fase de execução dos julgados trabalhistas, mas os resultados práticos não corresponderam a sua expectativa. Ao contrário, a execução tem sido comparada ao calcanhar de Aquiles, no processo do trabalho, tais as dificuldades que apresenta, em grande parte, devidas às discussões sobre a legislação a ser aplicada".[(2)]

---

(1) THEODORO JÚNIOR, Humberto. *Curso de direito processual civil*. 41ª ed., Rio de Janeiro: Forense, v. 1, 2004, p. 45.

(2) GIGLIO, Wagner D. *Direito processual do trabalho*. 10ª ed., São Paulo: Saraiva, 1997, p. 452.

Urge a superação dos entraves surgidos o mais brevemente possível. Isso porque, repise-se, "... No âmbito trabalhista, sendo o exeqüente, na maioria das vezes, o trabalhador, sua condição de hipossuficiente torna estas conhecidas agruras da execução ainda mais agravantes. Afinal, a natureza alimentar do crédito trabalhista não é compatível com a demora na sua satisfação".[(3)]

Transpor esses óbices significa concretizar, efetivamente, o direito subjetivo material posto em juízo, desiderato somente atingível mediante a observância irrestrita do postulado relativo ao devido processo legal. Traduz, igualmente, a necessidade de munir o Juiz do instrumental necessário à consecução da efetividade processual, que, na sua essência, consta da própria Constituição Federal, sendo revelada pelo devido processo legal (CF, art. 5º, inciso XXXV)[(4)]. Nem poderia ser de modo diverso, porquanto inexiste justiça, no caso concreto, sem a liquidez do título executivo judicial. Além disso, frise-se, "... a própria celeridade é um dos aspectos da efetividade da prestação jurisdicional...".[(5)]

O processo do trabalho, no entanto, ressentia-se desse meio jurídico (eficaz, de fato) destinado a suplantar, contornar ou mitigar todos os inconvenientes, transtornos e vicissitudes ocorrentes durante o ciclo executório. Esse propósito é insuscetível de ser alcançado, hodiernamente, tão-somente com a mera suscitação do primordial apanágio de que se reveste o crédito trabalhista: a sua natureza alimentar (CLT, art. 449, § 1º)[(6)].

Quando o descrédito da Justiça Obreira mais se acentuava, culminando com a defesa de sua completa aniquilação,

(3) GARCIA, Gustavo Filipe Barbosa. "A penhora 'on-line' e o convênio BACEN/TST". *Repertório de Jurisprudência IOB*, n. 17/2002, Caderno 2, set. 2002, p. 471.

(4) "a lei não excluirá da apreciação do Poder Judiciário lesão ou ameaça a direito;".

(5) DIÓGENES, Christianne Fernandes C. "Penhora 'on-line' e efetividade da prestação jurisdicional". *Repertório de Jurisprudência IOB*, n. 24, v. II, dez. 2003, p. 714.

(6) "§ 1º Na falência, constituirão créditos privilegiados a totalidade dos salários devidos ao empregado e a totalidade das indenizações a que tiver direito".

exsurge, em boa hora, um convênio técnico-institucional entre o Tribunal Superior do Trabalho (TST) e o Banco Central do Brasil (BACEN), cuja finalidade reside na permissão ensejada àquela mais alta Corte Trabalhista, aos Tribunais Regionais do Trabalho (TRTs) e às Varas do Trabalho (VTs), aderentes, de acessarem, via *internet*, o Sistema de Solicitações do Poder Judiciário ao Banco Central.

Intitulado BACEN JUD, essa pactuação técnico-institucional, ao revés da concepção de muitos estudiosos da temática, diferencia-se muito da impropriamente chamada penhora *on-line*.(7) Trata-se, *in casu*, apenas de um instrumento ou meio alternativo propiciado aos órgãos integrantes do Judiciário Trabalhista de encaminharem às instituições financeiras, e outras quejandas (neste caso, o respectivo funcionamento condiciona-se à autorização expressa do BACEN), ofícios eletrônicos, requisitando informações "... acerca da existência de contas correntes e aplicações financeiras, determinando bloqueio e desbloqueio de valores nas contas bancárias de pessoas físicas ou jurídicas, clientes do Sistema Financeiro Nacional, bem como outras solicitações que se façam necessárias".(8) Mas, incontestavelmente, o novel petrecho enfocado "... tem ligação direta com a efetividade das execuções trabalhistas e, conseqüentemente, com a credibilidade da Justiça do Trabalho. ...", de fato "... instrumento eficaz para o cumprimento das decisões proferidas pelos órgãos jurisdicionais trabalhistas".(9)

Esse Sistema, por sinal, é acessível por meio de senhas autorizadas específicas e de cadastramentos de usuários (os chamados "fiéis"), nos estritos moldes fixados na citada pactuação, sendo que os procedimentos, bastante rígidos e criteriosos, jamais extrapolam o objetivo pelo qual foram validamente constituídos.

---

(7) SILVA, Antônio Álvares da. *Penhora 'on-line'*. Belo Horizonte: RTM, 2001, p. 6.

(8) DIÓGENES, Christianne Fernandes C. *op. cit.*, p. 716.

(9) ABDALA, Vantuil. "Relatório da Corregedoria-Geral da Justiça do Trabalho". *Revista LTr*, São Paulo, v. 66, n. 5, mai. 2002, pp. 521-522.

Busca-se, assim, o apresamento de moeda corrente nacional existente, como visto, nas instituições financeiras (ou assemelhadas), *ex vi* dos permissivos constantes do art. 655, inciso I, do CPC, combinado às disposições expressadas no art. 882[10] da CLT. Possibilita-se, via *internet*, a constrição propriamente dita enquanto ato processual específico. E, uma vez efetivada a retenção do numerário, mercê de prévia determinação judicial, cientifica-se, posteriormente, o executado, abrindo-lhe azo para o ajuizamento de embargos à execução, na esteira do preceituado no art. 884 do Texto Consolidado.

> "É inegável a agilidade que o sistema Bacen Jud imprime na execução trabalhista. De fato, a informatização do procedimento de ofício às instituições financeiras reduz drasticamente o tempo demandado até o bloqueio da quantia devida, tendo em vista que o procedimento de penhora de valores passou a ser feito totalmente de forma *on-line*, desde a solicitação de informações sobre a existência de contas correntes e aplicações financeiras até a determinação do bloqueio dos valores."[11]

Percebe-se, sem maiores dificuldades, nesse contexto, a divergência antes mencionada. "Portanto, na realidade, o que é *on-line* não é a penhora em si, mas sim o meio, quer dizer, o instrumental utilizado para a sua efetivação, na busca do bem (no caso, dinheiro) para a garantia da execução".[12] Retenha-se:

> "O pensamento jurídico precisa acompanhar a evolução por que tem passado o mundo contemporâneo, no caso, especialmente quanto à extrema mobilidade do capital

(10) "O executado que não pagar a importância reclamada poderá garantir a execução mediante depósito da mesma, atualizada e acrescida das despesas processuais, ou nomeando bens à penhora, observada a ordem preferencial estabelecida no art. 655 do Código de Processo Civil".

(11) DIÓGENES, Christianne Fernandes C, *op. cit*, p. 716.

(12) GARCIA, Gustavo Filipe Barbosa, *op. cit.*, p. 471.

financeiro e aos avanços da tecnologia e da eletrônica. Jamais se alcançará a efetividade do processo sem que se interprete suas normas em consonância com as novas concepções do mundo globalizado e da instantaneidade das comunicações. (...)

Neste caso, o instrumental para a constrição é basicamente eletrônico/virtual, situação específica para a qual não se pode aplicar conceitos e princípios destinados a época e procedimentos diversos. Ou seja, para a peculiaridade da penhora obtida por meio da utilização dos recursos da eletrônica, não se pode aceitar a aplicação literal, a bem dizer 'cega', de preceitos defasados da era contemporânea e que já não correspondem às urgências da vida atual, sob pena de completa ineficácia do sistema jurídico, que se tornaria absolutamente inoperante na presente era da automação tecnológica".(13)

Enfatize-se, por oportuno, a necessidade de contínuas criações de novas versões do programa de penhora em questão, objetivando, com essas providências, o seu aperfeiçoamento e sua atualização em tempo real, considerando a diária evolução da pertinente tecnologia, a exemplo do chamado Sistema Bacen Jud 2.0.

Segundo o Manual Básico do Banco Central do Brasil, às funcionalidades já existentes no Sistema, acrescentam-se, dentre outras: "a) respostas eletrônicas das instituições financeiras; b) ordens eletrônicas de transferência de valores bloqueados para contas judiciais; c) controle de respostas das instituições financeiras, com estatísticas de inadimplência; d) cadastro atualizado das Varas/Juízos; e e) comunicado de suspensão e reativação de falência".

Ressalta-se, no corpo de regras, que

"A grande inovação consiste na inserção no Sistema das respostas das instituições financeiras. Essas respostas,

(13) GARCIA, Gustavo Filipe Barbosa, *ibidem*, p. 470.

antes confeccionadas manualmente e encaminhadas em papel (por correio), que muitas vezes demoravam trinta dias ou mais para chegarem aos autos, agora serão encaminhadas eletronicamente, sem contato manual (regra geral) e serão disponibilizadas aos juízos no prazo aproximado de 48 horas após a emissão da ordem.

Ao acessar essas respostas, os magistrados poderão determinar, também de forma eletrônica, a transferência dos valores bloqueados para instituições financeiras oficiais e o desbloqueio de valores excedentes.

O juízo também terá acesso aos nomes das instituições financeiras que eventualmente não tenham respondido à ordem judicial, com o respectivo percentual de inadimplência (...) para que se possa, se for o caso, adotar as medidas cabíveis.

O Sistema também pesquisará automaticamente, no Cadastro da Secretaria da Receita Federal, o CPF e/ou o CNPJ dos destinatários do bloqueio e exibirá na tela o nome do seu titular para a conferência.

Com essas e outras inovações, espera-se a redução significativa do prazo de atendimento das ordens judiciais, a padronização e a automação do seu tratamento pelas instituições financeiras, a minimização do trâmite de papéis (ofícios judiciais) e maior segurança sistêmica, *tudo com o objetivo de propiciar aos cidadãos a efetiva entrega da prestação jurisdicional*" (destaca-se).

E, acima de tudo, "Ao trânsito das informações entre o Judiciário, o Banco Central do Brasil e as instituições financeiras continuará sendo garantida máxima segurança, com utilização de sofisticada tecnologia de criptografia de dados, de acordo com os padrões utilizados pelo Bacen". E, o que também ressalta pela devida importância, "As ordens judiciais de bloqueio de valor visam a bloquear *até o limite da importância especificada (valor da execução)*" (grifa-se).

Mediante essa novel variante do BACEN JUD, ultima-se uma completa informatização dos agentes financeiros, de sorte a propiciar o oferecimento de respostas num lapso temporal curtíssimo, já que elas também serão enviadas por meios eletrônicos, numa interação bem mais célere entre aquelas instituições e o Juízo que preside a execução, como visto. Destarte, "... o sistema financeiro envia por via eletrônica as solicitações do Judiciário, e, em 24 até 48 horas, os juízes poderão bloquear as contas rapidamente e desbloquear penhoras indevidas"[(14)], rechaçando uma das principais críticas enfrentadas tanto pelo Sistema, quanto pelas constrições por meio dele efetivadas.

Desse cenário, aliás, até mesmo os seus críticos mais ferrenhos se distanciam. Sapientes de que a referida pactuação consubstancia uma daquelas novidades irreversíveis, sugerem, "... ao menos, o ajustamento, por freios e contrapesos, de modo a não permitir que este (convênio) sirva, pela utilização extremada e desvirtuada, de constrangimento ilegal, pelos excessos,..."[(15)], como de fato sucede na atualidade diante da implantação do Sistema Bacen Jud 2.0.

---

(14) GOULART JÚNIOR, João (Chefe-Adjunto do Banco Central). *Explicações colhidas no site Tribuna do Direito*, mar. 2005, p. 26.

(15) GÓMES, Lineu Miguel. "Penhora 'on line'". *Suplemento Trabalhista LTr*, São Paulo, ano 40, n. 30, 2004, p. 129.

4. PENHORA

Prevalece, na atualidade, o entendimento legal, doutrinário e jurisprudencial de que a atividade executiva possui natureza idêntica à da cognitiva: uma complementando a outra, representando a execução um prosseguimento lógico e imprescindível do processo de conhecimento. Por isso mesmo, como um todo, desenvolvem-se, amiúde, no contexto da mesma relação processual. Vale dizer, no bojo do mesmo deflagrado processo. Essa realidade é facilmente explicável pela circunstância de exigir, a composição da lide, a conversão daquilo que se denomina em Direito "dever ser" (fase cognitiva) naquilo que se intitula "ser" (fase executória). O corolário traduziu-se pela necessidade de se outorgar ao Estado-Juiz o poder-dever afeto à determinação da prática de atos executivos inerentes ao processo respectivo (inclusive a penhora) e a natureza jurisdicional à função sabidamente executória.

Reflita-se, portanto: se no âmbito processual civil exsurge semelhante prerrogativa conferida ao Magistrado (CPC, art. 577)[1], com bem mais forte razão avulta-se esse poder-dever no contexto da legislação adjetiva trabalhista, em que, *ex vi* do preceituado no *caput* do art. 878[2] da Consolidação das Leis do Trabalho (CLT), faculta-se (= determina-se) a atuação *ex officio* do Juiz do Trabalho não apenas para deflagrar o processo executório, mas, também, para conduzi-lo de maneira útil para o credor, mercê de sua hipossuficiência.

---

(1) "Não dispondo a lei de modo diverso, o juiz determinará os atos executivos e os oficiais de justiça os cumprirão".

(2) "A execução poderá ser promovida por qualquer interessado, ou *ex officio*, pelo próprio Juiz ou Presidente ou Tribunal competente, nos termos do artigo anterior".

Irrelevante, por isso mesmo, a circunstância de, o obreiro, ter exercitado o *jus postulandi* ou de ter constituído advogado de sua confiança, pois, como visto alhures, a inferioridade econômico-jurídica que lhe é imanente, observada no Direito do Trabalho, segue-o, como insígnia, no adjetivo justrabalhista. Noutra perspectiva: a execução trabalhista, até pelas suas peculiaridades, deve se processar no interesse do trabalhador, que adquire, por meio da constrição judicial, o direito de preferência sobre os bens penhorados (CPC, art. 612, *in fine*[(3)]).

Tal interesse concerne à sua legítima aspiração de ver atendida, brevemente, a prestação jurisdicional. Por isso se diz que a efetividade da execução está relacionada, de modo direto, com a aptidão de se entregar ao credor a prestação *in natura*, via de regra, pelos meios de sub-rogação, em que o próprio Estado se incumbe de fazê-lo, com ou sem a colaboração do devedor.[(4)]

Constata-se, dessa sorte, que o passo inicial (quiçá o mais relevante entre todos os demais) tendente à satisfação plena daquele interesse do credor-trabalhista repousa no ato material da penhora, cuja importância avulta-se pelo fato de outorgar ao obreiro o indispensável direito de preferência, ladeado pelo apanágio do superprivilégio, ostentado pelo seu crédito (CTN, art. 186, *caput*[(5)]), mercê de sua inegável natureza alimentar.

Registre-se que "...já está incorporada à mentalidade dos profissionais do direito a convicção de que o crédito trabalhista na falência é privilegiado, ou mesmo superprivilegiado. Esta última afirmação decorre do fato de estar o crédito trabalhista

---

(3) "Ressalvado o caso de insolvência do devedor, em que tem lugar o concurso universal (art. 751, III), realiza-se a execução no interesse do credor, que adquire, pela penhora, o direito de preferência sobre os bens penhorados".

(4) ZAVASCKI, Teori Albino. Comentários ao código de processo civil. São Paulo: *Revista dos Tribunais, v. 8, 2000*, pp. 140 e 374-375.

(5) "O crédito tributário prefere a qualquer outro, seja qual for sua natureza ou o tempo de sua constituição, ressalvados os créditos decorrentes da legislação do trabalho ou do acidente de trabalho".

em degrau ainda mais gabaritado que o crédito tributário ...". Não se olvidando do crédito acidentário, cuja propensão é "... para a atribuição de privilégio absoluto (ou hiperprivilégio), quando se tratar de trabalhador que perdeu ou teve reduzida a capacidade de trabalho. Neste caso o choque de valores entre créditos de trabalhadores deve privilegiar aquele que não pode mais extrair do trabalho a sua sobrevivência".[(6)]

4.1. Generalidades

A execução tem nos bens do devedor, incluindo o próprio numerário, o seu objeto instrumental. Deles se vale o Juiz da execução para obter, via execução forçada, a importância indispensável à satisfação dos haveres do credor trabalhista. Bem por isso estendeu-se sobremaneira a responsabilidade patrimonial do executado, de sorte a alcançar-lhe todos os seus bens, presentes e futuros (CPC, art. 591)[(7)].

Presta-se a essa finalidade a realização de um ato material típico e essencial do processo executório: a penhora. Seu objetivo primordial reside no destacamento de bens pertencentes ao devedor sobre os quais se farão concentrar e atuar a mencionada responsabilidade patrimonial. Trata-se, portanto, do marco inicial do procedimento executório. Sua ausência deságua na impossibilidade material de se conseguir os recursos necessários à quitação forçada daquilo que foi reconhecido judicialmente como sendo devido ao exeqüente.

Ademais, estabelece-se entre os diversos credores, quando este for o caso, obviamente, uma linha preferencial, de sorte que a primeira constrição judicial realizada prevalece sobre a segunda penhora efetivada sobre o mesmo bem; esta

---

(6) WALDRAFF, Célio Horst. "Contribuição para o debate sobre os créditos trabalhistas na falência: competência e outras questões". *In*: COUTINHO, A. R.; DALLEGRAVE NETO, J. A.; GUNTHER, L. E. (Coord.). *Transformações do Direito do Trabalho*. Curitiba: Juruá 2000, p. 410.

(7) "O devedor responde, para o cumprimento de suas obrigações, com todos os seus bens presentes e futuros, salvo as restrições estabelecidas em lei".

sobre a terceira, e assim por diante. Assim, segundo, terceiro credores e o mais apenas receberão, se houver, o remanescente, uma vez satisfeito o primeiro.

Conforme enfatiza a melhor doutrina processual, com esse ato inicial de expropriação (a penhora), a responsabilidade patrimonial do executado, que era genérica até então, sofre um processo de individualização pela apreensão física, direta ou indireta, de uma fração delimitada do acervo da parte devedora. Vale dizer, afeta essa porção patrimonial, sujeitando-a aos objetivos da execução. Permanece, contudo, à disposição do juízo executivo até que sobrevenha o comenos oportuno do pagamento do crédito do trabalhador (exeqüente).(8)

4.2. Natureza jurídica

Inúmeras correntes buscam explicitar a natureza jurídica da penhora, ou seja, precisar de que coisa se trata e o que ela, de fato, representa. Dentre essas vertentes, três se destacam pela relevância. A primeira reputa a penhora como sendo hipótese autêntica de medida cautelar. A segunda limita-se a considerá-la como simples ato executivo, sem maiores conseqüências. Finalmente, a terceira delas, eclética e prevalecente no Direito Processual moderno, consoante a qual a penhora consubstancia verdadeiro ato executório, porém revestido de conseqüências ou efeitos de cunho conservativo.

Nesse contexto, a definição da sua essência, do seu âmago, é determinada pelo objetivo último, primordial, que, indubitavelmente, é o de iniciar o chamado processo expropriatório. Logo, constitui simplesmente um ato do processo de execução, cuja finalidade reside na individuação e preservação dos bens a serem submetidos à execução. Enfim, um instrumento de que se vale o Estado para delimitar a responsabilidade sobre determinados bens integrantes do acervo patrimonial da parte devedora (ou executada).(9) Vista

(8) THEODORO JÚNIOR, Humberto, *op. cit.*, pp. 181-182.

(9) *Ibidem*, p. 183.

sob o enfoque conceitual, a penhora representa o ato material que o Estado-Juiz realiza com o objetivo de ensejar a expropriação e a conseqüente satisfação do direito do credor. É, portanto, um típico ato de *imperium* do juízo da execução.(10) Por meio dela sucede uma modificação nas coisas materiais, consistente na transferência de patrimônio pertencente ao devedor, ordenada na sentença.(11)

4.3. Efeitos

A penhora, pois, consubstancia um ato executório de natureza material, que se revela pelo apresamento de bens pertencentes ao devedor *ex vi* do devido processo instaurado. Está marcada pela sua coerção, enquanto seu principal traço distintivo. Daí promana, também, a assertiva de que possui o apanágio de um ato de *imperium* do juízo executório.

Especificamente no âmbito processual trabalhista, a doutrina mais abalizada tem apontado pelo menos três conseqüências primordiais da penhora. Reside, a primeira, na limitação da responsabilidade executória do devedor — por isso restringe-se somente sobre os bens que incide; o segundo efeito concerne na retirada das coisas apresadas da disponibilidade do executado; o terceiro repousa na sujeição desses mesmos bens ao juízo da execução, conservando, porém, o executado, a propriedade respectiva. Nesta última hipótese, vislumbra-se simples vinculação dos bens ao procedimento expropriatório da execução.

Deste último exsurge o quarto e último efeito da penhora: a ineficácia da alienação dos bens contristados até que sobrevenha uma causa eficiente para desfazer esse ato material executório. A explicação, neste caso, é bastante simples: com

---

(10) TEIXEIRA FILHO, Manuel Antonio, *op. cit.*, p. 381.

(11) NASCIMENTO, Amauri Mascaro. *Curso de direito processual do trabalho*. 18ª ed., São Paulo: Saraiva, 1998, p. 533.

a efetivação do apresamento verifica-se a afetação desses mesmos bens. Logo, o devedor encontra-se impedido de afastar essa destinação específica: a subordinação das coisas apresadas ao juízo da execução para que este, ao final, promova a expropriação pertinente, e, com o numerário obtido, possa, enfim, satisfazer o crédito do exeqüente-trabalhista.

4.4. Primordiais funções

Delineados, no tópico precedente, os efeitos resultantes do ato material executório enfocado, cumpre, agora, explicitar, dentre outras elencadas, as funções primordiais, assim apontadas:

a) individualização: consiste no destacamento de alguns bens do patrimônio do executado, que serão minuciosamente descritos pelas suas características principais, sendo destinados, posteriormente, à consecução do objetivo visado pela execução;

b) manutenção e conservação: uma vez efetivada a apreensão dos bens individualizados, convém, para o êxito e interesse da execução, mantê-los e conservá-los. Essa função é atribuída a um auxiliar do Judiciário: o depositário, nomeado por Oficial de Justiça. E, pela suprema relevância desse múnus, está sujeito tanto às sanções civis quanto às de ordem criminal, conforme se depreende dos arts. 139[(12)], 148[(13)] e 150[(14)] do Código de Processo Civil; e,

c) preferência: consiste na ordem cronológica dos atos de constrição judicial. Pressupõe, à evidência, a multiplicidade de penhoras e o universo de credores, ocorrentes,

(12) "São auxiliares do juízo, além de outros, cujas atribuições são determinadas pelas normas de organização judiciária, o escrivão, o oficial de justiça, o perito, o depositário, o administrador e o intérprete".

(13) "A guarda e a conservação de bens penhorados, arrestados, seqüestrados ou arrecadados serão confiadas a depositário ou a administrador, não dispondo a lei de outro modo".

(14) "O depositário ou o administrador responde pelos prejuízos que, por dolo ou culpa, causar à parte, perdendo a remuneração que lhe foi arbitrada; mas tem o direito a haver o que legitimamente despendeu no exercício do encargo".

via de regra, quando o executado é proprietário de um só bem. Por meio dessa relevante função estabelece-se uma ordem preferencial de satisfação dos créditos dos exeqüentes.

Destarte, ocorrendo, por exemplo, a hipótese de incidirem sobre o mesmo bem imóvel três penhoras, mas tendo sido a última delas transcrita no competente registro em primeiro lugar, a preferência, *in casu*, fixa-se em benefício desta, e não daquelas, embora as execuções respectivas sejam anteriores.

5. PENHORA TRABALHISTA *ON-LINE*

Tendo-se abordado, com brevidade, a constrição judicial nos seus vários aspectos — generalidades, natureza jurídica, efeitos e funções —, examinar-se-á tal ato material executivo de extrema relevância sob a perspectiva justrabalhista.

5.1. Gênese

No limiar de 2002 houve celebração de um convênio técnico-institucional entre o TST e o BACEN, intitulado Sistema BACEN JUD. Como visto, aludida pactuação tem como norte primordial viabilizar aos Ministros e Juízes do Trabalho, nas respectivas áreas competenciais, a expedição de ofícios eletrônicos contendo requisições de informações sobre a existência de contas correntes e aplicações financeiras, de bloqueios e desbloqueios de contas envolvendo pessoas físicas e jurídicas integrantes da clientela do Sistema Financeiro Nacional.

Em linhas gerais, tem sido apontada essa pactuação como sendo a gênese formal da penhora *on-line* ou eletrônica. Acrescente-se, também, particularmente, como sendo fonte originária material o ideal de Justiça, repousado na exigência, sempre presente, da obtenção de resultados úteis para quem os persegue, ladeado pelas inarredáveis eficiência e efetividade do processo executivo.

A forma procedimental em questão denomina-se penhora *on-line*, titulação essa que vem sendo apontada como imprópria sob o aspecto técnico-jurídico, porquanto a expressão *on-line* constitui terminologia utilizada na informática, adequada mesmo para designar a existência de vários computadores conectados, objetivando a troca ou obtenção de informações[1]. Contudo, não faltam sugestões, normalmente oferecidas como maneira de se evitar a inserção de termos estrangeiros em nosso sistema jurídico.

Exemplificam-se: "penhora pela *internet*"; "penhora eletrônica"; "penhora pela rede"; "penhora virtual"; e a "penhora em juízo", neste último caso pelo simples fato de o próprio Juiz da execução determinar e cumprir essa constrição, ao contrário do procedimento usualmente adotado, quando incumbe ao Oficial de Justiça executar as determinações do Estado-Juiz para efetuar o apresamento.

Parece, todavia, e sem embargo do tecnicismo adequado exigido pelo Direito, que a temática perde sua relevância diante da hodierna celeuma acerca do novel procedimento, caracterizada, no mais das vezes, pelas críticas exacerbadas direcionadas aos doutrinadores simpatizantes do Sistema BACEN JUD. Originam-se, diversas, das penas de alguns estudiosos, todavia sem qualquer subsistência.

Há que se ter presente a questão afeta à assunção dos riscos empresariais, aí inserida a possibilidade de perpetração de constrições judiciais por dívidas trabalhistas inadimplidas ou não satisfeitas espontaneamente, atributo do contrato de trabalho (CLT, art. 2º, *caput*)[2]. Quiçá, por conveniência ou interesse latente, virtualizam-se a condição de inferioridade econômico-jurídica do empregado hipossuficiente perante o seu empregador, pessoa física ou jurídica, e os percalços inerentes à execução trabalhista.

Certa é a circunstância de o exeqüente possuir um título judicial transitado em julgado, cujo comando, se observado voluntariamente pelo devedor, resulta no sepultamento da penhora *on-line* ou do também nominado bloqueio eletrônico.

---

(1) MACHADO, Gabriel da Silva Fragoso. "Penhora 'on-line': credibilidade e agilidade na execução trabalhista". *Jus Navigandi*, Teresina, ano 8, n. 395, 2004.

(2) "Considera-se empregador a empresa, individual ou coletiva, que, assumindo os riscos da atividade econômica, admite, assalaria e dirige a prestação pessoal de serviços".

5.2. Essência

Cogitar da natureza jurídica da penhora *on-line* é o mesmo que indagar acerca da sua essência ou da sua própria razão de ser; é perquirir a respeito dos seus fundamentos; enfim, a propósito do seu real significado. Noutra perspectiva, seria exatamente o mesmo que perguntar se o referido ato de apresamento de bens se traduz em uma nova modalidade de penhora ou a consubstancia.

Entendimentos doutrinários mais abalizados sustentam a inexistência desse ato material enfocado. Segundo os integrantes dessa vertente, em momento algum se cogitou da criação de semelhante modalidade de constrição. Dessa forma, a designação adotada (*on-line*) pertine tão-somente aos aspectos procedimentais por meio dos quais a penhora se realiza.

Logo, longe está de configurar algum tipo ou modelo jurídico em si mesmo. Na realidade, trata-se de mera penhora, como outra qualquer,[3] efetivada via meios eletrônicos, fruto de um "poder informático" recentemente conferido aos Juízes do Trabalho, *ex vi* do convênio técnico-institucional, dantes citado, alcunhado de Sistema BACEN JUD.

Com efeito, a denominada fase da pós-modernidade vem trazendo avanços múltiplos, máxime no contexto tecnológico. Hoje, por exemplo, duas pessoas situadas em pontos espaciais extremos podem conversar em tempo real por celulares; as tradicionais cartas foram substituídas pelos *e-mails*, os quais permanecem depositados num arquivo (caixa de mensagem), aguardando um momento propício para serem lidos; faz-se transferências eletrônicas; pagam-se contas instantaneamente, sem manejo do cartão de crédito, e assim por diante.[4] É inconcebível, obviamente, posicionar o próprio Poder

(3) SILVA, Antônio Álvares da, *op. cit.*, p. 6.

(4) DUARTE, Radson Rangel Ferreira. "O fenômeno da patrimonialidade". *In*: ARANTES, Delaíde Alves Miranda; DUARTE, Radson Rangel Ferreira. *Execução trabalhista célere e efetiva: um sonho possível*. São Paulo: LTr, 2002, p. 135.

Judiciário à margem desse contexto revolucionário chamado *internet*. Pretender, como advoga parte da doutrina, que o procedimento tendente à formalização da penhora continue exatamente da mesma forma, mediante a expedição de mandado a ser entregue pelo Oficial de Justiça à instituição detentora dos créditos encerraria verdadeira irrisão,[(5)] um despautério descomunal.

Portanto, "A emissão de ordem eletrônica de bloqueio de créditos bancários nada mais é do que simples adoção de novo expediente, propiciado pelo avanço da tecnologia, para a prática de ato já previsto em lei — correspondente à penhora —, o que se mostra perfeitamente natural, e até inevitável".[(6)] Daí a inarredável conclusão de que se torna imprescindível a adaptação do Direito às novas realidades, mesmo porque, dada a sua própria natureza, revela-se dinâmico.

Percebe-se, assim, que as designações *on-line* e eletrônica traduzem apenas o meio de comunicação adotado pelo juízo da execução objetivando, destarte, informar-se acerca da existência, ou não, de numerário em conta titularizada pelo devedor ou de investimentos feitos em seu próprio nome.

Trata-se, igualmente, de um eficaz instrumental disponibilizado aos Juízes para que, por meio dele, possam praticar o ato material de apresamento de numerários. Este sim consistindo na penhora sob o aspecto técnico-jurídico. Em arremate, afirma-se, sem sombra de dúvida, que os determinados bloqueios de contas e investimentos realizados pela *internet* (*on-line* ou eletronicamente, designações paralelas) configuram a penhora em si, enquanto os desbloqueios correspondem ao levantamento respectivo.

---

(5) MALLET, Estêvão. "Anotações sobre o bloqueio eletrônico de valores no processo do trabalho (penhora 'on-line')". *Revista do Tribunal Superior do Trabalho*. Brasília, v. 70, n. 1, 2004, p. 34.

(6) *Ibidem*, p. 31.

5.3. Fundamentos

Acerca das circunstâncias ou da realidade fática que fizeram eclodir a penhora *on-line* no contexto da processualística do trabalho, ao que se nos apresenta, encontram-se pacificados os entendimentos doutrinários.

Prescindível salientar a enorme variedade dos fundamentos. São razões de toda ordem, iniciando-se pelo inegável descrédito da Justiça do Trabalho. A morosidade, os percalços e os desdobramentos naturais relacionados à execução laboral impossibilitavam a precisa execução de suas próprias decisões. Diligências frustradas; os conchavos entre a sociedade empresária e as instituições financeiras no sentido de aconselhamento de retirada oportuna dos investimentos e dos haveres patronais nas respectivas contas; as almoedas sem sucesso, uma, duas..., inúmeras vezes; a burocracia excessiva; os diversos incidentes processuais, inclusive sobre bem indicado à constrição judicial enquanto pretenso direito pertinente ao devedor; o atraso tecnológico, e o mais.

Até o surgimento da chamada penhora *on-line*, parca esperança descortinava-se ao exeqüente trabalhista; máxime quanto ao recebimento dos seus créditos, líquidos e certos, reconhecidos na sentença exeqüenda, conquanto, num primeiro momento, a despersonificação jurídica da sociedade empresária pudesse servir-lhe de alento. Afinal, nesse compasso abriria-se-lhe, no contexto do processo executório, ensancha para alcançar os bens integrantes dos patrimônios dos sócios.

Apesar do entusiasmo inicial, a tese da desconsideração da personalidade jurídica, ao menos na seara justrabalhista, vem se obliterando, considerando ainda persistir as condutas patronais fraudulentas, haja vista a utilização, agora, de terceiros intermediários, "laranjas" ou "testas-de-ferro".

Necessária e urgente, desta forma, uma renovação ou reinvenção da utilização das formas legais, processuais e concretas para evitar impunidades nessa era em que a informática, atualizada minuto a minuto, é manejada em grande escala, inclusive pelo crime organizado empresarial. Ora, os efeitos resultantes da globalização são notórios. "A existência virtual a tudo cobre".(7) E essa virtualidade não pode ser ignorada. É perceptível em qualquer ação humana. É simplesmente vital, nas suas acepções jurídica e biológica. Equipamentos sucateados e procedimentos atemporais, obsoletos, espelham, com total evidência, a falta de efetiva entrega da prestação jurisdicional. Caracterizando-se o Direito pela sua freqüente dinamicidade, jamais poderia ficar incólume às influências oriundas das constantes transformações verificadas na sociedade global.

Mesmo quando se vislumbra a completa ausência de vontade política do poder competente no sentido de produzir mudanças na legislação, a tecnologia, sempre com um passo à frente, acaba, de um modo ou de outro, engendrando alterações nos procedimentos judiciários. Fartos são os exemplos, podendo ser mencionado, a título ilustrativo, a substituição das modalidades previstas em lei para a expedição da carta precatória. Destarte, as deprecações antes realizadas por meio de telegrama, de radiograma ou de telefone, cederam lugar ao fac-símile, ao telex, e até mesmo ao correio eletrônico, o chamado *e-mail*.

Em face desse inevitável palco, cabe ao Poder Judiciário aparelhar-se de molde a viabilizar uma resposta imediata, ou seja, na mesma velocidade, ou, pelo menos, próximo a isso. "É preciso que nos conscientizemos de que o Judiciário precisa modernizar-se, como de fato ocorre em concreto. Não se pode andar a pé enquanto o mundo contemporâneo se movimenta no mundo virtual em que o conhecimento dos fatos se dá concomitantemente com sua ocorrência".(8)

---

(7) COELHO, Fábio Ulhoa. *Curso de direito comercial*. 5ª ed., São Paulo: Saraiva, v. 2, 2002, pp. 47-48.

(8) SILVA, Antônio Álvares da, *op. cit.*, p. 16.

Noutras palavras, é contraproducente que o Juiz se valha tão-somente de "... um burrico e de uma pequena vara, para que ele tente perseguir os rebanhos de dinheiro que flutuam velozmente pelas estradas da *internet*".[9] Dessa forma, exige-se que o Poder Judiciário caminhe exatamente "... na mesma proporção para executar suas sentenças e cumprir suas ordens, já que o interesse público precisa também utilizar-se da técnica e da ciência para concretizar os anseios do povo, principalmente quando de Justiça se trata".[10] E, ao se deparar com as desfunções em geral, *v. g.*, efetivadas por quem de direito, pela utilização da pessoa jurídica, abre-se positiva trincheira para rapidamente afundá-las, manejando-se simultaneamente a desconsideração da pessoa jurídica e, de forma profícua, a penhora *on-line*.

Concebe-se, assim, que o "... procedimento para a realização da penhora não há de constituir exceção, não podendo, dessa forma, ficar imune aos avanços tecnológicos. Contrariando essa idéia, a adoção de novas e mais rápidas técnicas de transferências de valores, produzidas por expeditos recursos de informática, recomenda e até impõe a igual criação, pelo Direito, de meios eficazes de apreensão de valores".[11] Nesse contexto, aliás, seria desarrazoado imaginar, como dito, "... que o procedimento para formalização da penhora possa continuar a se fazer sem nenhuma alteração — como há séculos se fazia, mediante a expedição de mandado, a ser fisicamente entregue pelo Oficial de Justiça à instituição detentora dos créditos...".[12]

(9) FAVA, Marcos Neves, *op. cit.*, p. 373.

(10) SILVA, Antônio Álvares da, *op. cit.*, p. 16.

(11) MALLET, Estêvão, *op. cit.*, p. 33.

(12) *Ibidem*, p. 34.

6. VÍCIOS EXPLÍCITOS NA DOUTRINA

6.1. Violação do ordenamento jurídico-processual

Segundo os críticos mais ferrenhos, a penhora *on-line* padece de vícios gravíssimos. O primeiro deles se traduziria na flagrante violação do ordenamento jurídico-processual, a ponto mesmo de causar um abalo irreparável na atividade empresarial do executado, além de ocasionar inevitável paralisia, máxime quando a referida constrição atinge o intitulado capital de giro da sociedade empresária, fato esse revelador do *poder informático* exercido arbitrariamente pelo juízo da execução. Além disso, preconizam que esse novo modelo instrumental viola um dos princípios essenciais, norteadores da atividade executiva, traduzido pela menor gravosidade para o devedor, consoante as prescrições contidas no art. 620 do CPC[1], de aplicação subsidiária na órbita trabalhista (CLT, art. 769).

Vê-se, contudo, enorme falácia. Com efeito, um dos principais equívocos incorridos por essa vertente oposicionista revela-se pelo esquecimento de que a efetividade processual resulta de exigência imposta pela Carta Magna ao estabelecer a prerrogativa dos litigantes no sentido de obter um processo razoavelmente célere (art. 5º, inciso LXXVIII[2], nos termos ofertados pela Emenda Constitucional n. 45/2004).

Vislumbra-se, portanto, de expresso preceito constitucional, em prol do nacional, o direito à celeridade e à efetiva

---

(1) "Quando por vários meios o credor puder promover a execução, o juiz mandará que se faça pelo modo menos gravoso para o devedor".

(2) "a todos, no âmbito judicial e administrativo, são assegurados a razoável duração do processo e os meios que garantam a celeridade de sua tramitação".

entrega da prestação jurisdicional. Nem poderia ser de outra forma, afinal a rapidez na solução dos conflitos jurisdicionais sempre constituiu um dos anseios mais antigos de nossa sociedade. "Trata-se, na verdade, do indicativo de que a ordem jurídica legítima que se vai construindo por meio de conquistas democráticas não deve ser destruída ou aniquilada por qualquer crise aguda de autoritarismo momentâneo. Neste caso, o valor do direito adquirido e seu conteúdo, a segurança jurídica, hão de ser preservados e dotados de especificidade e inflexibilidade na ordem jurídica vigente".(3)

Por outro lado, se no processo civil o exeqüente ocupa um posicionamento de superioridade jurídica na execução, no trabalhista essa condição há de se destacar ainda mais, porquanto a hipossuficiência herdada no âmbito do Direito Substantivo do Trabalho acompanha-o, pois de valor indissociável, no contexto da legislação adjetiva. Dessa forma, mais do que nunca urge a satisfação do seu crédito, mercê da sua evidente natureza alimentar.

In casu, a prestação jurisdicional realiza-se, primordialmente, na salvaguarda do interesse do trabalhador, segundo as regras do art. 612 do CPC (art. 769 da CLT).

Deveras, a questão há de ser centrada nos princípios regentes do processo trabalhista e nas especificidades que lhe caracterizam. Jamais numa visão inflexível, ou seja, estritamente civilista segundo recomendações dos opositores do bloqueio eletrônico de contas e investimentos do executado. Em se tratando, aliás, de condenação em pecúnia, na processualística do trabalho o executado é citado para satisfazer o seu débito em dinheiro no prazo improrrogável de quarenta e oito horas (art. 880, *caput*, final, do Texto Consolidado)(4).

---

(3) WALDRAFF, Célio Horst. *Direito adquirido... cit.*, p. 129.

(4) "O Juiz ou Presidente do Tribunal, requerida a execução, mandará expedir mandado de citação do executado, a fim de que cumpra a decisão ou o acordo no prazo, pelo modo e sob as cominações estabelecidas, ou, em se tratando de pagamento em dinheiro, incluídas as contribuições sociais devidas ao INSS, para que pague em quarenta e oito horas, ou garanta a execução, sob pena de penhora".

Nenhuma dúvida pode suscitar esse preceito celetário, devido a sua clareza solar: apenas na hipótese de ausência de numerário o devedor estará legalmente autorizado a garantir a execução, sob pena de penhora. Nada obstante, é corriqueira a subversão desse procedimento lógico. Ao invés de adimplir a primordial obrigação estampada no mandado respectivo, nomeia-se, *incontinenti*, este ou aquele bem à constrição, via de regra caracterizados pela extrema dificuldade de rápida comercialização no mercado, como seria o conveniente.

Por isso, como enfatiza *Martins*,

> "No mandado, deverá constar, ainda, que o executado terá 48 horas para o pagamento da condenação ou garantia da execução (...). A nova redação do art. 882 da CLT determina primeiro o depósito e depois a penhora, de acordo com o texto determinado pela Lei n. 8.432, de 11.06.92 (...) É preciso que o pagamento da condenação seja atualizado, inclusive acrescido de juros e despesas processuais (...). A atualização será (...) na forma do art. 39 da Lei n. 8.177/91."(5)

Destarte, essa inversão proposital engendrada pelo devedor, antes de traduzir o legítimo exercício de um direito subjetivo de que se diz titular, caracteriza-se pela notória abusividade no seu manuseio, sendo de palmar inferência o caráter protelatório da nomeação efetivada. Nem seria preciso dizer que o nomeante já antevê, naquele ensejo, a sorte dos passos vindouros da execução, como posto em linhas transatas: rejeição da coisa indicada; expedição de inúmeras precatórias em busca de outras coisas penhoráveis, repetidas vezes inexistentes, ou, como é cediço, em nome de terceiros, "laranjas" ou "testas-de-ferro"; emissão inócua de ofícios às instituições financeiras, cujas gerências, antes mesmo de acusar os recebimentos, aconselham-lhe, *incontinenti*, a

---

(5) MARTINS, Sérgio Pinto, *op. cit.*, pp. 667-668.

proceder ao esvaziamento total das contas correntes ou dos investimentos existentes em seu nome, mercê do compreensível, mas perverso, conchavo vislumbrado na relação agência/cliente.

Frustradas todas essas iniciativas, sejam elas oriundas do credor, sejam provenientes da atuação *ex officio* do juízo da execução, o exeqüente vê-se compelido a aceitar a nomeação de algo indesejável aos seus objetivos, ou requerer a adjudicação da coisa indicada, sob pena de suspensão da execução por tempo segmentado.

Nessa linha de reflexão, afigura-se legítimo concluir realmente pela existência das indigitadas violações a preceitos legais. Entretanto, essas ofensas emanam do próprio executado, na medida em que há, de fato, omissão propositada em saldar o valor pecuniário devido e liquidado pelo comando de fundo e a subversão do procedimento estatuído em face do credor.

Mallet lembra que o

> "Processo legalmente devido não é apenas o que permite ao réu defender-se adequadamente, mas sim aquele que, além disso, permite ao autor obter a satisfação efetiva de sua pretensão, quando for ela pertinente. (...) assegurar a efetividade da decisão condenatória, com a adoção de procedimento mais eficaz para cumprimento do provimento que determina o pagamento de certa soma em dinheiro, caracteriza não a negação do devido processo legal, mas sim um de seus mais diretos e elementares desdobramentos."[6]

O descumprimento voluntário da sentença condenatória ou a postergação do seu adimplemento por conta das artimanhas do executado, dos percalços da execução ou das dificuldades pertinentes à efetivação da penhora, em síntese,

---

(6) MALLET, Estevão, *op. cit.*, p. 35.

configuram a negação do próprio direito material. No fundo, o descumprimento do provimento "... judicial ofende, não apenas o direito da parte favorecida pelo provimento — o que seria por si só grave, a reclamar o emprego de medidas enérgicas para alterar-se o quadro —, como agride a soberania do Poder Judiciário, o que não se pode de nenhuma forma tolerar. A autoridade que se sobrepõe a todas as outras é exatamente a das decisões do Poder Judiciário,...".(7)

Em semelhante contexto, aliado à vista taxatividade explícita do art. 880, *caput*, parte final, da CLT, mostra-se absolutamente inaplicável, até mesmo pela nítida desarmonia, a defendida aplicação subsidiária do *favor debitoris* estatuído no art. 620 do Código de Processo Civil.

Imperioso enfatizar que, mesmo no âmbito do processo civil, o princípio da menor onerosidade tem sido examinado em cotejo com a ordem prevista no CPC (art. 655). Dessa maneira, o simples fato de ter o devedor nomeado bem à penhora não obsta a constrição de numerário de sua titularidade, depositado em instituição financeira, porquanto o dinheiro principia a ordem de gradação legal. Logo, o apresamento assim realizado jamais ensejará, segundo a jurisprudência do Superior Tribunal de Justiça (STJ), qualquer ofensa direta ou indireta ao mencionado postulado.(8)

Nessa perspectiva, seria desarrazoado cogitar-se de pretensas violações aos princípios da reserva legal, do devido processo e da menor onerosidade da execução movida contra o executado em virtude da realização de penhora, via *internet*, sobre numerários existentes em contas ou investimentos.

A sistemática virtual e/ou eletrônica configura meio inovador tendente à materialização da penhora ou apresamento

(7) *Ibidem*, p. 36.

(8) BRASIL. Superior Tribunal de Justiça. AgRg no REsp n. 528.227/RJ, 3ª Turma. Relatora: Ministra Nancy Andrighi. *Diário Oficial da República Federativa do Brasil*, de 15 de abril de 2003.

sobre numerários do executado. Logo, seria ilógico conceber sua harmonização absoluta com aqueles princípios civilistas tradicionais estabelecidos para a espécie.

Pelo contrário, a aplicação literal deve ser aferida levando-se em conta as peculiaridades do Direito Processual do Trabalho. Logo, o art. 882 Celetário, ao determinar a observância da gradação contida no art. 655 do CPC, fê-lo taxativamente. Nenhuma margem reservou às especulações impertinentes. Assim, resta ao devedor apenas eleger uma entre duas alternativas preferenciais: pagar a importância devida, pondo cobro à relação processual executiva, ou depositá-la, caso prefira estabelecer o contraditório, mediante o ajuizamento da ação incidental de embargos à execução. Contudo, mesmo na hipótese de se cogitar de nomeação à penhora, esta, *ex vi legis*, deverá recair, primordialmente, sobre o próprio dinheiro (art. 655, I, do CPC, c/c. arts. 769 e 882 da CLT).

Portanto, mesmo se examinando a questão sob os diversos ângulos suscitados, a penhora sempre objetivará, preferencialmente, a importância pecuniária, quer esteja ela depositada em conta corrente titularizada pelo executado, quer se encontre ela investida em algum fundo qualquer.

Reconhece-se, é verdade, a existência de um substrato ético no art. 620 do Código de Processo Civil, inspirado nos princípios da justiça e da eqüidade. Todavia, no processo laboral é o empregado (credor) que se encontra em situação especial e, normalmente, é imprescindível receber o crédito para subsistência própria e de seus familiares. "Com isso, em caso de conflito entre o princípio da não-prejudicialidade e o princípio da utilidade ao credor, o juiz do trabalho deve dar preferência para este último, quando o credor for o empregado".(9)

Haveria, até mesmo, desnecessidade de citação preliminar do executado acerca da instauração do processo executório,

(9) LEITE, Carlos Henrique Bezerra. *Curso de direito processual do trabalho*. 3ª ed., São Paulo: LTr, 2005, p. 689.

para, somente após, efetivar-se o bloqueio eletrônico, *ex officio*, da conta ou de investimentos, sem perpetração de qualquer nulidade. Se ao Juiz foi outorgado um poder-dever relevante, consistente na obrigatoriedade de fazer preponderar o interesse público vislumbrado na efetividade do processo executório, pela mesma, e bem mais forte razão, foi-lhe autorizado determinar a penhora eletrônica feito o acertamento da decisão judicial. Intelecção do disposto no art. 878 da CLT.

Aliás, constata-se do artigo em questão a existência de legitimidade ativa executória concorrente, posto ter o legislador celetário outorgado-a tanto ao Magistrado quanto ao credor. O texto legal é claro nesse sentido, sendo, pois, ilógico argumentar-se com a descabida hipótese de pertinência meramente supletiva, no particular. Seria mesmo paradoxal conceber-se a deflagração do processo executório pelo Julgador, e, ao depois, retirar-lhe a faculdade de dinamizar a execução, praticando todos aqueles atos tendentes ao impulsionamento processual.

Haveria, no caso, inegável salseiro. De um lado o Magistrado praticando determinados atos processuais; e, quando inerte, afloraria o poder dispositivo afeto ao exeqüente, realizando outros tantos, porém, de maneira supletória. Na pragmática laboral, a morosidade da iniciativa exclusiva obreira poderia, à evidência, comprometer ainda mais a efetividade da prestação jurisdicional.

Como sói acontecer amiúde, as experiências vivenciadas de maneira exitosa no contexto justrabalhista espraiam-se para outros ramos do Direito pátrio. Exemplos recentes consistem nas alterações introduzidas no Código Tributário Nacional pela Lei Complementar n. 118, de 9 de fevereiro de 2005, merecendo ênfase, dentre todas elas, o acréscimo do art. 185-A[10], estabelecendo um verdadeiro contrapeso enquanto

(10) "Na hipótese de o devedor tributário, devidamente citado, não pagar nem apresentar bens à penhora no prazo legal e não forem encontrados bens penhoráveis, o juiz determinará a indisponibilidade de seus bens e direitos, comunicando a decisão,

meio eficiente para suprir o retirado privilégio estatal quanto ao recebimento preferencial da integralidade das exações de índole trabalhista na hipótese de falência da sociedade empresária, fato este, registre-se, discutível.(11)

À primeira vista o comando tributário é exacerbado quando determina que o Julgador indisponibilize os bens e direitos do executado fiscal quando este, citado, silenciar acerca da quitação do débito respectivo, ou, então, permanece inerte quanto à nomeação de bens no prazo legalmente fixado, e caso inexistam ou não sejam encontrados bens penhoráveis. Contudo, essa restrição patrimonial abrange somente o valor total exigível. Ocorrendo excessos, incumbe ao Juiz da execução determinar, de imediato, o levantamento da indisponibilidade, adequando-se à citada limitação ao *quantum* efetivamente devido.

O comando relativo à indisponibilidade de bens se sucede, de preferência, via eletrônica, e é destinado aos órgãos e entidades que promovem registros de transferências de bens (Cartório de Registro de Imóveis, *v. g.*) e às autoridades supervisoras do mercado bancário e do mercado de capitais, a fim de que, no âmbito das respectivas atribuições, façam cumprir a ordem judicial, de sorte que a relação discriminada dos bens e direitos tornados indisponíveis seja enviada e/ou comunicada de imediato ao juízo executório.

---

preferencialmente por meio eletrônico, aos órgãos e entidades que promovem registros de transferência de bens, especialmente ao registro público de imóveis e às autoridades supervisoras do mercado bancário e do mercado de capitais, a fim de que, no âmbito de suas atribuições, façam cumprir a ordem judicial.

§ 1º A indisponibilidade de que trata o *caput* deste artigo limitar-se-á ao valor total exigível, devendo o juiz determinar o imediato levantamento da indisponibilidade dos bens ou valores que excederem esse limite.

§ 2º Os órgãos e entidades aos quais se fizer a comunicação de que trata o *caput* deste artigo enviarão imediatamente ao juízo a relação discriminada dos bens e direitos cuja indisponibilidade houverem promovido".

(11) "Lei n. 11.101, de 9 de fevereiro de 2005, art. 83: A classificação dos créditos na falência obedece à seguinte ordem: I — os créditos derivados da legislação do trabalho, limitados a 150 (cento e cinqüenta) salários-mínimos por credor, e os decorrentes de acidente de trabalho; ...".

O dispositivo enfocado, além de instituir a penhora eletrônica nos domínios tributários, teve, como excelência, a inegável virtude de encampar o apresamento *on-line* laboral, ainda que de forma aleatória. As medidas judiciais implementar-se-ão *ex officio*, mediante a decretação da indisponibilidade global de bens e direitos. Cartórios de Registro de Imóveis, supervisores do mercado bancário e de capitais, entre outras instituições, transformar-se-ão "... em auxiliares da Justiça, a quem cabe a execução da constrição judicial decretada".(12) Os objetivos assim exigem.

Imperioso enfatizar, nesse hiato, a plena aplicação do preceito legal enfocado ao processo trabalhista, a exemplo do art. 186 do Código Tributário Nacional (CTN), consagrador do superprivilégio atribuído ao crédito obreiro. Trata-se de inferência extraída a partir do exame acurado dos preceitos insertos no art. 889 da Consolidação das Leis do Trabalho(13) c/c. art. 1º da Lei n. 6.830/80(14). Dessa forma, tudo quanto, aparentemente, figurava como arbitrariedade, em face das pretensas anomia e truculência perpetradas, na espécie, hoje encontra-se regulamentado a contento.

Curiosamente, as críticas ao novo dispositivo integrante do CTN têm sido bem mais amenas do que aquelas indevidamente direcionadas à penhora *on-line* trabalhista.

De qualquer sorte, diga-se que, se ao Juiz do Trabalho outorgou-se, pela via supletiva (arts. 769 da CLT c/c. 185-A do Código Tributário Nacional), o poder-dever de adotar, *ex officio*, medidas mais drásticas, consistentes no provimento de indisponibilização dos bens de qualquer natureza do deve-

(12) HARADA, Kiyoshi. "Lei Complementar n. 118/05 e a indisponibilidade de bens e direitos". *Jus Vigilantibus*, Vitória, 21 de fevereiro de 2002.

(13) "Aos trâmites e incidentes do processo de execução são aplicáveis, naquilo em que não contravierem ao presente Título, os preceitos que regem o processo dos executivos fiscais para a cobrança judicial da dívida ativa da Fazenda Pública Federal".

(14) "A execução judicial para cobrança da Dívida Ativa da União, dos Estados, do Distrito Federal, dos Municípios e respectivas autarquias será regida por esta Lei e, subsidiariamente, pelo Código de Processo Civil".

dor (inclusive dinheiro, aplicações, etc.), estará ele igualmente autorizado a determinar a realização da penhora *on-line*, posto que quem pode o mais, pode, também, o menos.

6.2. Sepultamento de etapas processuais

Outra arbitrariedade apontada na penhora eletrônica respeita à pretensa supressão de fases executórias, sobretudo do contraditório, enquanto configurador de um legítimo direito processual subjetivo do devedor, cujas bases, no entanto, mostram-se insatisfatórias.

Um dos princípios regentes do processo, inclusive do trabalhista, revela-se pelo exercício legítimo do contraditório e da ampla defesa, ambos contemplados no Texto Magno de 1988 (art. 5º, inciso LV)[15]. Mas a exigência constitucional, frise-se, é satisfeita com a simples viabilização dessas garantias serem manuseadas, em regra, antes do provimento judicial definitivo. Por outro lado, são disponíveis ao executado, podendo exercê-los, efetivamente, ou não. Encontradiços, aliás, nas hipóteses de revelia e/ou contumácia do réu (CPC, art. 319 e seguintes).

Noutras palavras: asseguram-se a ampla defesa e o contraditório; porém, o exercício efetivo dessas faculdades processuais fica à mercê da parte passiva (réu ou executado, conforme a hipótese). De acordo com *Cintra*, *Grinover* e *Dinamarco*, "... mesmo nos casos de urgência, em que o Juiz, para evitar o *periculum in mora*, provê, *inaudita altera pars* (CPC, arts. 929, 932, 937, 813 e seguintes), o demandado poderá desenvolver sucessivamente a atividade processual plena e sempre antes que o provimento se torne definitivo".[16]

Atente-se para o fato de que a própria legislação adjetiva civil fixa restrições às faculdades inerentes ao contraditório, quando, *v. g.*, impede a parte de se manifestar nos autos se

(15) "aos litigantes, em processo judicial ou administrativo, e aos acusados em geral são assegurados o contraditório e ampla defesa, com os meios e recursos a ela inerentes".
(16) *Op. cit.*, p. 55.

condenada pela prática de atentado (= violação de penhora, arresto, seqüestro, etc.), subsistindo essa sanção de índole processual até o efetivo restabelecimento do *status quo ante* (CPC, art. 881, *caput*)[17].

Mas a problemática relacionada aos incidentes da penhora é corriqueira no processo do trabalho, em que o executado, ao invés de saldar pecuniariamente o seu débito perante o credor, subverte a procedimento adequado à espécie, nomeando bens à constrição judicial, que, repetidas vezes, esmagam a própria execução.

Quanto à temática, aliás, caminha-se pelo compreensível relativismo dos princípios afetos à igualdade e ao contraditório na seara do Direito Processual do Trabalho. Aqui, mais do que em qualquer outro ramo do Direito, tal se justifica, encontrando fundamentos na desigualdade econômico-jurídica das partes envolvidas no conflito intersubjetivo de interesses. A própria morosidade do processo executório decorre até mesmo do manejo ardiloso das faculdades processuais pelo executado. Há, de fato, oposições maliciosas à execução pelo devedor, ou, então, resistência injustificada às ordens judiciais contidas no mandado.

Nesse contexto, é apropriada a restrição do direito ao contraditório, sem que a atitude do aplicador da lei possua aptidão jurídica de traduzir, direta ou indiretamente, qualquer afronta à Carta Magna.

Constata-se, pois, a inexistência "... da supremacia absoluta e plena do contraditório sobre todos os demais princípios (...). A principiologia da tutela jurisdicional exige que o contraditório, às vezes, tenha de ceder momentaneamente a medidas indispensáveis à eficácia e efetividade da garantia de acesso ao processo justo".[18]

---

(17) "A sentença, que julgar procedente a ação, ordenará o restabelecimento do estado anterior, a suspensão da causa principal e a proibição de o réu falar nos autos até a purgação do atentado".

(18) THEODORO JÚNIOR, Humberto, *op. cit.*, p. 25.

Destarte, no caso de medida liminar antecipatória, *v. g.*,

"... a providência judicial é deferida a uma das partes antes da defesa da outra. Isso se admite, porque, sem essa atuação imediata da proteção do interesse da parte, a eficácia do processo se anularia e a garantia máxima de acesso à tutela da justiça restaria frustrada (...). Assim é que, tão logo se cumpra a medida de urgência, haverá de ser propiciada à parte contrária a possibilidade de defender-se e de rever e, se for o caso, de reverter a providência liminar. (...) Não se nega o contraditório, mas apenas se protela um pouco o momento de seu exercício. Afinal, a solução definitiva da causa somente será alcançada após o completo exercício do contraditório e da ampla defesa por ambos os litigantes."[(19)]

Situação idêntica ocorre na seara do processo trabalhista quando o exercício do contraditório sucede *a posteriori*. Por isso mesmo as críticas avassaladoras sobre a penhora eletrônica vista dessa perspectiva, ou seja, como algo espúrio e suficientemente capaz de suprimir, de forma absoluta, os princípios da ampla defesa e do contraditório, não vingam. Pelo contrário, a sensibilidade dos Juízes da área tem permitido a formulação de pedidos durante o ciclo executório e, especialmente, concedido quando se revela legítima e pertinente a pretensão deduzida[(20)].

Frise-se, uma vez mais, que "... a responsabilidade trabalhista de pagar salários, imposta ao empregador (executado) é

(19) *Ibidem*, p. 26.

(20) Exemplifica-se com a possibilidade de ser denunciado ao juízo da execução excesso de penhora por meio de simples petição. Quando procedente a delação, determina-se, no ato, a redução da constrição judicial efetivada. Na mesma linha em se tratando de nulidades, de toda ordem. Prescinde-se da garantia do juízo da execução. Idêntico procedimento será observado quando se cuidar de provisões de alimentos e combustíveis necessários à manutenção da família do devedor; de vencimentos, soldos e salários, ou mesmo de importâncias destinadas ao exercício profissional; valores auferidos na condição de herdeiro e/ou legatário; de seguro de vida; se tratar-se, ainda, de bem de família (Lei n. 8.009/90), ou de montantes destinados à aquisição de materiais para obras de construção do bem familiar ou para sua manutenção; e tudo o mais.

objetiva, como deixa claro o art. 2º da CLT. (...) Assumindo os riscos da atividade econômica, em qualquer circunstância, recessão, retração de vendas, crise monetária, etc., o empregador, ainda que não tenha concorrido para o evento, é responsável pelo pagamento dos salários dos seus empregados, devendo indenizá-los, na forma da lei"(21) (acrescenta-se).

6.3. Transgressão do princípio da imparcialidade

Há equívoco quando se sustenta a violação do princípio da imparcialidade no momento da realização da penhora *on-line*, determinada *ex officio* pelo juízo da execução.

A lei não encerra termos inúteis. Se o legislador concedeu ao juízo da execução a prerrogativa de instaurar a execução de ofício, sua legitimidade ativa compreenderá, também, a faculdade de impulsioná-la em toda a sua extensão, paralelamente à ação positiva do credor trabalhista.

Na qualidade de condutor do processo (CLT, art. 765)(22), nada impede o Magistrado de adotar procedimentos tendentes à localização de bens do executado (notadamente, o dinheiro) a qualquer tempo e lugar durante a fase expropriatória em questão, e, igualmente, como remédio preventivo, conforme a hipótese.

Uma vez deflagrada "... a relação processual, predomina o interesse público, do Estado, de desenvolvê-la para no mais breve prazo dar-se por concluída a função jurisdicional com a composição da lide"(23), *in casu*, a satisfação do credor. Destarte, mesmo na seara do processo civil prepondera o impulso oficial quanto ao andamento do processo. Mas nem aqui se cogita de parcialidade judicial.

---

(21) ALMEIDA, Amador Paes de. *Execução de bens dos sócios:* obrigações mercantis, tributárias e trabalhistas: da desconsideração da personalidade jurídica (doutrina e jurisprudência). 4ª ed., São Paulo: Saraiva, 2001, pp. 156-157.

(22) "Os Juízos e Tribunais do Trabalho terão ampla liberdade na direção do processo e velarão pelo andamento rápido das causas, podendo determinar qualquer diligência necessária ao esclarecimento delas".

(23) SANTOS, Moacyr Amaral. *Primeiras linhas de direito processual civil.* 14ª ed., São Paulo: Saraiva, v. 2, 1991, pp. 77-78.

Theodoro Júnior, com base em *Arruda Alvim*, manifesta que "O juiz mantém-se eqüidistante dos interessados e sua atividade é subordinada exclusivamente à lei, a cujo império se submete como penhor de imparcialidade na solução do conflito de interesses".(24) Portanto, o Magistrado trabalhista quando determina a penhora *on-line* está apenas se desvencilhando de seu poder-dever, mas sem aproximação desta ou daquela parte interessada.

6.4. Incompetência

Verifica-se, com freqüência, o apresamento eletrônico em agência bancária situada além dos limites jurisdicionais da Vara do Trabalho onde se processa a execução. Preconiza-se a tese da incompetência do juízo que a determinou, na esteira do disposto no art. 658 do Código de Processo Civil, o qual prega que "Se o devedor não tiver bens no foro da causa, far-se-á a execução por carta, penhorando-se, avaliando-se e alienando-se os bens no foro da situação (art. 747)".

O preceito escrito diz respeito à hipótese de execução por meio de carta precatória. Obviamente no pressuposto de que os bens patrimoniais do devedor estejam situados noutra localidade, além dos limites jurisdicionais do foro da causa. Mas o próprio teor dessa regra já evidencia a sua incompatibilidade com os princípios regentes e norteadores do processo laboral, tornando-a, dessarte, inaplicável.

Leitura atenta daquele dispositivo do Código de Processo Civil permite concluir pela expedição de carta precatória somente quando houver a necessidade de apresamento de bens suscetíveis de avaliação e conseqüente alienação mediante as almoedas. Seria, por exemplo, o caso de se realizar uma penhora sobre bem imóvel situado em comarca diversa. O dinheiro e os fundos de investimentos, à evidência, jamais se subsumem nesse contexto. Não são passíveis de avaliação, porquanto têm valor certo e curso forçado, *ex vi legis*.

(24) *Op. cit.*, p. 34.

Na questão a possíveis indagações afetas à alienação, suficiente dizer que se traduz simplesmente na transferência do bem de um para outro titular. Sai das mãos do executado e caminha para as mãos do exeqüente. Portanto, a carta precatória, além de prescindível, seria mais um indesejável complicador para a tão perseguida celeridade processual, sobretudo em matéria de execução.

Segundo *Silva*, seria paradoxal supor que o Juiz, conhecendo a

> "... existência de conta em outra agência, tenha que expedir carta precatória, através de procedimento custoso e demorado, quando a penhora se pode fazer com um simples comando informático. (...) Em vez de ser instrumento de uma justiça ágil e objetiva, transforma-se em meio de postergá-la, levando-a ao descrédito e desmoralização perante o povo. (...) Se o processo é instrumento, deve ser meio de atos úteis e não de atos desnecessários."[(25)]

Distingue-se, portanto, a competência do juízo executório em face dos locais onde se situam as várias agências ou instituições financeiras nas quais o executado mantém conta corrente ou fundos de investimentos. Além disso, "... o contrato de depósito se faz com o banco e não com as agências, que são seus departamentos. O depósito em outra agência, que não aquela que se situa na jurisdição da Vara, pode e deve também ser considerado sob a sua jurisdição".[(26)]

Ademais, não é o banco quem realiza o bloqueio eletrônico. A constrição realiza-se pelo Juiz competente para a execução. Logo, a circunstância de a conta e/ou investimentos titularizados pelo devedor estarem vinculados a agências localizadas em jurisdição de outra Unidade Judicial congênere mostra-se inidônea como hipótese ou critério modificador da competência do juízo da execução.

(25) *Op. cit.*, pp. 7-9.

(26) *Ibidem*, p. 7.

A utilidade de expedição de precatória será de grande valia apenas ao devedor, porquanto ensejará o retardamento do processo executório, viabilizando-lhe aplicações, investimentos e o mais, de numerários pertencentes ao credor, já definidos e liquidados pelo título exeqüendo.

De qualquer forma, com o advento da Lei n. 10.444, de 7 de maio de 2002, acrescentou-se o § 5º ao art. 659 do CPC[27] viabilizando a penhora de bem imóvel no próprio juízo executório, seja qual for a sua localização territorial. Aliás, o preceito legal enfocado rechaçou, inclusive, aquela condição esdrúxula vigente no Direito anterior, consistente na prévia nomeação pelo executado. Noutra perspectiva, estabeleceu, como regra geral, a prescindibilidade de expedição de carta precatória visando à constrição judicial em semelhante conjuntura.

Existindo, pois, essa permissão oficial quanto à penhora de bem de raiz, independentemente da expedição de precatória e da posição territorial, com bem mais forte ordem de razão encontra-se autorizado o bloqueio eletrônico de contas correntes ou de investimentos titularizados pelo devedor, sendo, pois, irrelevante a localização territorial da agência ou instituição onde são mantidas.

Daí a pertinente observação de *Silva*, para quem

> "... seria, portanto, um arrematado absurdo que se expedisse uma carta precatória para realizar manualmente aquilo que se poderia praticar virtualmente. Estaríamos abdicando da técnica e colocando as coisas às avessas. (...) toda medida que se toma, nos limites da lei, para que a autoridade da sentença seja respeitada, deve ser valorizada e incentivada, principalmente pelos órgãos superiores, pois é aqui que se localiza um dos focos mais visíveis do descrédito do Judiciário."[28]

---

(27) "Nos casos do § 4º, quando apresentada a certidão da respectiva matrícula, a penhora de imóveis, independentemente de onde se localizem, será realizada por termo nos autos, do qual será intimado o executado, pessoalmente ou na pessoa de seu advogado, e por este ato constituído depositário".

(28) *Op. cit.*, pp. 9-10.

Não sem base pragmática que se editou a Lei n. 11.232, de 22 de dezembro de 2005, conferindo faculdade ao credor exeqüente de optar pelo foro da execução, cujo escopo, sem dúvida, é a agilização e a efetividade do processo de execução.(29)

6.5. Generalização de bloqueios

Fala-se em invasiva sucessão de atos constritivos eletrônicos, caracterizada, segundo críticos, pelos bloqueios generalizados, alcançando toda sorte de contas ou investimentos mantidos pelo devedor nas várias agências e/ou instituições financeiras, pouco importando as suas respectivas localizações territoriais, bem como sobre todo o numerário estratégico ali existente, inclusive sobre o capital circulante, atitudes apontadas como despóticas, arbitrárias e desmedidas, que sempre culminam por inviabilizar o funcionamento empresarial.

Sem procedência articulações dessa índole, considerando-se que justamente uma das virtudes da penhora eletrônica reside na circunstância de bloquear, simultaneamente, uma, duas ou mais contas correntes do devedor, ou investimentos por ele titularizados nas diversas agências ou instituições financeiras localizadas em diferentes cidades, muitas delas além da jurisdição do juízo executivo. Não se trata, por motivos lógico-jurídicos, da intitulada penhora sucessiva, e sim da unicidade própria do ato constritivo judicial, evidentemente com o objetivo de alcançar apenas o valor total da execução.

Há, por assim dizer, nítida confusão entre a causa (penhora *on-line*, como ato único) e os seus diversos efeitos (apre-

(29) "Art. 475-P. O cumprimento da sentença efetuar-se-á perante:

(...)

II — o juízo que processou a causa no primeiro grau de jurisdição;

(...)

Parágrafo único: No caso do inciso II do *caput* deste artigo, o exeqüente poderá optar pelo juízo do local onde se encontram bens sujeitos à expropriação ou pelo do atual domicílio do executado, casos em que a remessa dos autos do processo será solicitada ao juízo de origem".

samento de numerários disponíveis em uma ou mais contas do executado). Resulta, daí, a conclusão quanto à prescindibilidade de se realizar tantas intimações quantas forem as contas ou investimentos bloqueados eletronicamente, com as regras e princípios regentes do processo trabalhista levando-se em conta cada bloqueio de numerário efetuado de forma segmentada.

Como leciona *Assis*, “Mostram-se penhoráveis o dinheiro investido a prazo fixo em instituição financeira, acompanhado do pagamento periódico de juros, ou ainda, o direito a certas rendas ou prestações periódicas. Nessas hipóteses atraentes ao credor, porque as rendas oferecem dinheiro (...), há penhora de crédito do executado”.(30)

6.6. Inconstitucionalidade

Alega-se inconstitucionalidade da penhora *on-line*, seja pelo fato de violar princípios legais e processuais, seja pela circunstância de devassar a intimidade do executado, mediante a quebra de sigilo bancário.

Corolário é o ingresso de Ações Declaratórias de Inconstitucionalidade no Supremo Tribunal Federal. Os fundamentos adotados praticamente limitam-se aos supostos riscos de se verificar o apresamento de valores consideravelmente superiores aos devidos ou alcançar importâncias pecuniárias pertencentes a terceiros.

Todavia, não se constata nenhum resquício de inconstitucionalidade validamente suscitado no tocante ao sistema da penhora *on-line*, uma vez que não se produziu qualquer inovação em nosso ordenamento jurídico-processual. Ademais, se inexistente esta novel variante, a constrição judicial seria efetivada pelo Oficial de Justiça. Mesmo nessa hipótese, as probabilidades dos perigos subsistiriam de igual modo.

---

(30) ASSIS, Araken de. *Comentários ao código de processo civil*. São Paulo: Revista dos Tribunais, v. 9, 2000, p. 236.

De outra banda, o excesso de penhora, como enfatizado em linhas anteriores, é passível de ser denunciado, em qualquer tempo e lugar, ao juízo executório mediante escritos. E, certamente, haverá a competente harmonização entre o crédito e o apresado judicialmente. Terceiros alcançados pela equivocada constrição possuem à sua mercê a ação incidental de embargos, com semelhante denominação, não estando descartado, também, o manuseio da intitulada exceção de pré-executividade, prescindindo-se mesmo da garantia do juízo, ou mesmo o uso do mandado de segurança, em última instância, e conforme a hipótese, levando-se em consideração a fase processual do feito judicial.

Também não há qualquer razão plausível para se atribuir a pecha da inconstitucionalidade à constrição judicial *on-line* por ofensa aos postulados do contraditório, da ampla defesa, do devido processo legal, do direito adquirido, entre outros. Todos eles padecem de uma dosagem considerável de relativização quando se cogita do interesse da Justiça, da credibilidade do próprio Judiciário, que, embora reconhecendo direitos ao obreiro hipossuficiente, encontra-se impotente para tornar efetivo o comando judicial.

Registre-se que a própria Corte Suprema cedeu às exigências impostas pelo avanço tecnológico, que, aliás, a todos se impõe. Destarte, instituiu, no âmbito de sua competência, um sistema que lhe permite a utilização de correio eletrônico objetivando a realização de atos processuais, nos termos e condições previstos expressamente na Lei n. 9.800, de 26 de maio de 1999, mediante cadastramento prévio dos advogados interessados, com registro de senhas de segurança, pessoais e sigilosas, assegurando a remessa identificada das petições e documentos.[31] Vislumbra-se, assim, tendência de rejeição de todas e quaisquer Ações Declaratórias de Inconstitucionalidade apresentadas por várias entidades

(31) BRASIL. Supremo Tribunal Federal. Resolução n. 287, de 14 de abril de 2004. Disponível em: <*http//www.tst.gov.br/jurisprudencia/DecisoesSTF_STJ_TCU*>. Acesso em: 20 de abril de 2005.

avessas à penhora *on-line*. Mesmo porque a sua jurisprudência, cristalizada desde há muito, caminha exatamente no sentido de não reconhecer a ocorrência de ofensas ou violações à Constituição Federal de 1988, pelo menos no contexto do Recurso Extraordinário, quando a medida processual interposta fundamenta-se nas assertivas de preterição dos princípios do contraditório, da coisa julgada, do direito adquirido, do devido processo legal, dentre outros.

Consoante entendimento sedimentado no âmbito do Excelso Pretório, virtuais transgressões, em semelhantes contextos, somente teriam a aptidão de afrontar o Texto Magno pelas vias reflexas, transversas ou indiretas. Ora, se tal intelecção se aplica no âmbito do Recurso Extraordinário, *a fortiori*, pelas mesmas razões de ordem lógico-jurídica também servirá como motivação para o rechaçamento de ADIns.

No tocante ao sigilo bancário, registre-se, desde logo, que é inoponível quando se trata de salvaguardar os interesses do Poder Judiciário no sentido de velar pela efetividade de suas decisões tanto quanto amparar o credor. Logo, jamais haveria permissão para que essa garantia, igualmente relativa em semelhante contexto, pudesse inviabilizar, de alguma forma, direta ou indiretamente, a concretização da efetividade da tutela jurisdicional, máxime quando são facilmente vislumbráveis artimanhas processuais de naturezas protelatórias ou fugidias dos devedores, como sói acontecer no cenário da execução trabalhista.

Ademais, os bloqueios eletrônicos realizam-se no interesse exclusivo da Justiça. Deveras,

> "... a penhora é ato preliminar para a execução do patrimônio do devedor, e o titular desse poder de excutir é o Estado, que tem como instrumento necessário para desincumbir-se de seu dever de prestar jurisdição. Daí, o preceito contido no art. 600, IV, do Código de Processo Civil, o qual considera atentatório à dignidade da Justiça o ato do devedor que não indica ao Juízo onde se

encontram os bens sujeitos à execução. (STF, RE 92377-SP, rel. Min. Moreira Alves, RTJ 110/184)[32], que, no âmbito da execução trabalhista, deve ser primordialmente o dinheiro (CPC, art. 655, inciso I)".

De mais a mais, os dados relacionados à identificação das contas bancárias ou de investimentos titularizadas pelo executado, afirmando a existência ou inexistência de créditos disponíveis, de ordinário, vindos ao bojo dos autos, jamais consubstanciarão a propalada quebra do sigilo bancário. Mesmo porque inexiste, na prática, um franqueamento vil de todas as informações obtidas ou colhidas pelo juízo executório.

De qualquer forma, como enfatiza a melhor doutrina constitucional, "... os sigilos bancário e fiscal são relativos e apresentam limites, podendo ser devassados pela Justiça (...), uma vez que a proteção constitucional do sigilo não deve servir para detentores de negócios não transparentes ou de devedores que tiram proveito dele para não honrar seus compromissos".[33] Logo, a quebra determinada pelo Juiz, "... não afronta o art. 5º, incisos X e XII, da Constituição Federal".[34]

Basicamente, a regulamentação do sigilo bancário, por razões óbvias, sempre esteve atrelada à condução rígida imposta pelo BACEN, *ex vi* da Lei n. 4.595/1964. Trata-se de algo perfeitamente compreensível, porquanto os estabelecimentos bancários, instituições financeiras ou entidades quejandas assumem a qualidade de administradores dos numerários pertencentes a sua clientela. Mas essa condição não lhes autoriza a bloquear, *de per se*, referidas contas ou fundos de investimentos. Contra eles sim impera a rigidez determinada pelo sigilo bancário. Trata-se, na realidade, de uma obrigação do banqueiro, instituída em benefício do cliente,

---

(32) ZANGRANDO, Carlos Henrique da Silva. "Penhora 'on-line' e o sigilo bancário". *Revista LTr*, São Paulo, v. 66, n. 9, set. 2002, pp. 1.086-1.087.

(33) MORAES, Alexandre de. *Direito constitucional*. 15ª ed., São Paulo: Atlas, 2004, p. 95.

(34) *Idem*.

de manter silêncio quanto a determinados atos, fatos, cifras, além de outras informações por ele conhecidas em virtude do desempenho das atribuições bancárias.

A Lei Complementar n. 105, de 10 de janeiro de 2001, é bastante clara acerca da obrigação imposta às instituições financeiras (art. 1º), que deverão prestar todas as informações necessárias e requisitadas pelo Judiciário (art. 3º), contentando-se, apenas, com a preservação do seu caráter sigiloso mediante acesso restrito às partes, que delas não poderão se servir para fins estranhos à lide. Portanto, a constrição *on-line* encaixa-se, como luva, nesse contexto. Não há devassamento das contas e demais informações correlatas. Os dados que adentram ao processo, como já asseverado, são restritos, porquanto se limitam a revelar a existência de possíveis contas, e se, nelas, há saldos disponíveis. E a requisição judicial restringe-se apenas ao montante do valor excutido.

Sendo positivas as informações requisitadas, aí sim determina-se o bloqueio da importância necessária à satisfação dos créditos do exeqüente. Assim sendo, ainda que por acaso houvesse acesso de terceiros a tais informações, sigilo algum estaria sendo escancarado justamente em função dos elementos mínimos fornecidos ao juízo da execução, insuscetíveis de colocar às claras todo conjunto de dados existentes nos bancos e/ou instituições financeiras.

Da mesma forma, o conhecimento dessas informações pelos serventuários da Justiça não encontra óbice legal, mesmo que a mencionada Lei Complementar n. 105/2001 refira-se expressamente à pessoa do Magistrado, das partes e de seus procuradores.

Ora, tais servidores públicos compulsam diariamente processos de naturezas várias, inclusive aqueles que possuem informações acerca das contas bancárias dos executados, declarações de imposto de renda, etc. Mas nem por isso há quebra de sigilo, pois são dignos de fé e estão sujeitos às penalidades cabíveis na hipótese de alardearem os dados compilados. Ademais, à vista da regra imperativa estatuída no art. 162, § 4º, do CPC[35], de aplicação supletória (CLT, art. 769), seria até mesmo pueril supor que citados serventuários não tomassem conhecimento de todos os elementos contidos no processo, inclusive daqueles requisitados pelo juízo da execução. Do contrário, a relação processual flutuaria no tempo e no espaço.

6.7. *Atuação* ex officio *do Juiz*

Os argumentos expostos pertinentes à aventada impossibilidade de atuação do Magistrado *ex officio* têm-se mostrado frágeis e insubsistentes pelo simples fato de se lastrearem em preceitos civilistas incompatíveis com a processualística do trabalho.

Ora, é cediço que a legitimidade ativa do Juiz na execução é concorrente. Tem ele, repise-se, o poder-dever não apenas de deflagrar o processo executório, mas, igualmente, incumbe-lhe dar efetividade ao comando de fundo (título exeqüendo), atuando, de ofício, até a satisfação integral do credor, e conseqüente extinção da relação jurídico-processual executiva.

Rememore-se que, para dar cobro ao processo de forma ágil, somente com a imediata entrega de dinheiro pelo devedor ao credor. Por esta razão que a relativização da ordem legal prevista no art. 655 do CPC, mesmo na processualística civil, vem sendo admitida em casos excepcionalíssimos, prevalecendo o entendimento jurisprudencial de que o princípio da menor gravosidade (art. 620, CPC) seria aplicável justamente nessas situações. Isso porque, *de per se*, ressentiria de aptidão para comprometer a gradação legal de nomeação instituída, à evidência, em benefício do credor. Nesse senti-

(35) "Os atos meramente ordinatórios, como a juntada e a vista obrigatória, independem de despacho, devendo ser praticados de ofício pelo servidor e revistos pelo juiz quando necessários".

do vislumbra-se pronunciamento da E. Primeira Turma do Superior Tribunal de Justiça no AI n. 483.789/MG-AgRg, rel. Min. Teori Zavascki (DJU de 13 de outubro de 2003).(36)

Significa isso a clara exigência de a penhora recair sempre nos bens de primeira classe (dinheiro), e, só na falta deles, nos da classe imediata, e assim sucessivamente. Dessarte, poderá o Juiz recusar a nomeação do bem oferecido, desde que o devedor tenha disponibilidade em dinheiro (JTA 103/171), ou possua outros bens mais facilmente transformáveis em pecúnia (RT 765/324).(37)

Com mais forte razão tal prerrogativa judicial (poder-dever, sim) há que ser observada no processo do trabalho, e com maior rigor, sendo intuitivo, desta forma e até por força das regras estabelecidas nos arts. 878 e 882 da CLT, a determinação *ex officio* para bloqueio eletrônico de numerário do executado revela-se extremamente legítima, posto que, no processo do trabalho, diante da natureza alimentar do crédito obreiro e do superprivilégio de que se reveste, torna-se ainda mais imperativo potencializar a perspectiva de adimplemento desse haver trabalhista, sobretudo em virtude da previsível relutância de o devedor utilizar-se da prerrogativa que lhe foi conferida pelo art. 15 e inciso I da Lei n. 6.830/80.(38)

A condução do processo executório, *ex vi* do art. 765 da Lei Consolidada, não pode encontrar condicionamentos, sobretudo quando a atitude processual do executado atenta contra a dignidade do Judiciário (CPC, art. 600)(39), sendo irrelevante a circunstância de se estar, ou não, em face de um caso concreto quando em exercício o *jus postulandi* outorgado às partes (CLT, art. 791).

---

(36) NEGRÃO, Theotônio; GOUVÊA, José Roberto F. *Código de processo civil e legislação processual em vigor*. 36ª ed., São Paulo: Saraiva, jan. 2004, p. 760.

(37) *Idem*.

(38) "Em qualquer fase do processo, será deferida pelo juiz: I — ao executado, a substituição da penhora por depósito em dinheiro ou fiança bancária; ...".

(39) "Considera-se atentatório à dignidade da justiça o ato do executado que: I — frauda a execução; II — se opõe maliciosamente à execução, empregando ardis e meios artificiosos; III — resiste injustificadamente às ordens judiciais; IV — intimado, não indica ao juiz onde se encontram os bens sujeitos à penhora e seus respectivos valores".

Reforça-se, pois, a necessidade de se manter esse novo e eficaz instrumental — penhora *on-line* — posto à disposição do Magistrado para dar efetividade imediata à sentença exeqüenda, ainda mais considerando-se que, a partir da edição da Lei n. 11.382, de 6.12.2006, o bloqueio eletrônico passou a integrar o ordenamento jurídico nacional no âmbito do processo civil: "Art. 655-A, *caput*: Para possibilitar a penhora de dinheiro em depósito ou aplicação financeira, o juiz, a requerimento do exeqüente, requisitará à autoridade supervisora do sistema bancário, preferencialmente por meio eletrônico, informações sobre a existência de ativos em nome do executado, podendo no mesmo ato determinar a sua indisponibilidade, até o valor na execução".

Na verdade, apenas *legalizou* eficiente prática de bloqueio de numerário pelos Juízes do Trabalho, procedimento este que foi *uniformizado* via Convênio Bacen Jud, o qual, por sinal, "...não instituiu normas processuais ...". Outrossim, o disposto no § 2º[40], do artigo em questão, de inteira aplicabilidade no processo laboral, "... atribui ao executado o ônus de provar que as quantias depositadas em conta corrente são impenhoráveis ...".[41]

Derradeiramente, observa-se que o legislador, inadvertidamente, limitou a penhora de dinheiro depositado em conta poupança. Com efeito, consta do art. 649, *caput* e inciso X, do CPC, que há absoluta impenhorabilidade "até o limite de 40 (quarenta) salários mínimos, a quantia depositada em caderneta de poupança."

Diversamente do salário propriamente dito ou provento de qualquer natureza, que tem índole alimentar e, por conseqüência, especial proteção legal constitucional contra credores, os valores depositados em conta poupança "...nem de

(40) "Compete ao executado comprovar que as quantias depositadas em conta corrente referem-se à hipótese do inciso IV do *caput* do art. 649 desta Lei ou que estão revestidas de outra forma de impenhorabilidade".

(41) TEIXEIRA FILHO, Manoel Antonio. *Breves apontamentos à Lei n. 11.382/2006, sob a perspectiva do processo do trabalho.* No prelo.

longe têm natureza alimentar e não se encontram sob o abrigo dos princípios da dignidade humana, da justiça social e do valor social do trabalho."[42]

Sob esse prisma, portanto, não vinga tal retrógrado preceito de lei, porque, em verdade protege sim o devedor, na medida em que comuníssimo, hodiernamente, que clientes de instituições financeiras optem "...pela movimentação de conta poupança no lugar da conta corrente, dada a existência de taxas nestas e inexistência naquelas.", além da facilidade de movimentação de numerário, mormente via *internet* ou mesmo cartão de crédito.[43]

Em verdade, o detentor de dinheiro em conta poupança "...acumula capital e tem assim mais que o mínimo necessário a uma vida digna, não sendo razoável que prevaleça dita impenhorabilidade em detrimento de um crédito nitidamente alimentar, o crédito trabalhista."[44]

Para o crédito trabalhista, então, imune a restrições quando o alvo é sua cobrança em face do devedor, a importância depositada em conta poupança pode ser objeto de penhora *on-line* na sua *integralidade.*

---

(42) OLIVEIRA, Daniel Natividade R de; FILETI, Narbal Antônio Mendonça. "Penhora de salário, de ganhos decorrentes de trabalho autônomo e de valores depositados em cadernetas de poupança, frente à execução de credor trabalhista: análise sob o prisma do princípio da proporcionalidade". *Revista LTr*, v. 71, n. 2, fev. 2007, p. 185.

(43 MARTINS, Rafael Lara. A reforma processual e o novo rol de bens absolutamente impenhoráveis do art. 649 do CPC após a Lei n. 11.832/2006. *Repertório de jurisprudência IOB*, v. III, n. 6, mar. 2007, p. 177.

(44) OLIVEIRA, Daniel Natividade R de; FILETI, Narbal Antônio Mendonça, *idem*.

CONCLUSÃO

A penhora eletrônica, legal instrumental do executivo trabalhista, respeita à denominada imunidade executiva, na medida em que inaplicável sobre os bens considerados absolutamente insuscetíveis de sofrerem apresamento (*v. g.*, os arrolados no art. 649 do CPC, dentre os quais não figuram os numerários e investimentos mantidos nas contas correntes e de investimentos de titularidade do executado e os previstos na legislação extravagante de n. 8.009/90).

Seguindo-se o inarredável avanço tecnológico, que a todos se impõe, não se tem como sair ileso de seus, aliás, benéficos efeitos, garantia da credibilidade do Judiciário Trabalhista e, por tabela, do próprio sistema jurídico em voga.

Revela, portanto, o escrito, que a constrição *on-line* constitui-se numa moderna técnica processual, tendente a prover o Magistrado da aptidão prática de zelar pela entrega definitiva, de forma célere, da tutela jurisdicional (conhecimento + execução + satisfação do credor), porquanto a efetividade configura um direito fundamental constitucional assegurado ao jurisdicionado.

REFERÊNCIAS BIBLIOGRÁFICAS

ABDALA, Vantuil. "Relatório da Corregedoria-Geral da Justiça do Trabalho". *Revista LTr*. São Paulo, v. 66, n. 5, maio 2002.

ALMEIDA, Amador Paes de. *Execução de bens dos sócios: obrigações mercantis, tributárias e trabalhistas: da desconsideração da personalidade jurídica* (doutrina e jurisprudência). 4ª ed., São Paulo: Saraiva, 2001.

ASSIS, Araken de. *Comentários ao código de processo civil*. São Paulo: Revista dos Tribunais, v. 9, 2000.

BRASIL. Supremo Tribunal Federal. Resolução n. 287, de 14 de abril de 2004. Disponível em: <*http//www.tst.gov.br/jurisprudencia/DecisoesSTF_STJ_TCU*>. Acesso em: 20 de abril de 2005.

BRASIL. Superior Tribunal de Justiça. AgRg no RESP 528.227/RJ, 3ª Turma. Relatora: Ministra Nancy Andrighi. *Diário Oficial da República Federativa do Brasil*, de 15 de abril de 2003.

CINTRA, Antonio Carlos de Araújo; GRINOVER; Ada Pellegrini; DINAMARCO, Cândido Rangel. *Teoria geral do processo*. 20ª ed., São Paulo: Malheiros, 2004.

CHAVES, L. A. "Em busca da proteção ao crédito trabalhista". *Jornal Gazeta* — Informativo da Associação Nacional dos Magistrados da Justiça do Trabalho, Brasília, ano VII, n. 33, março 2003.

COELHO, Fábio Ulhoa. *Curso de direito comercial*. 5ª ed., São Paulo: Saraiva, v. 2, 2002.

DELGADO, Mauricio Godinho. *Curso de direito do trabalho*. 2ª ed., São Paulo: LTr, 2003.

DINAMARCO, Cândido Rangel. *A instrumentalidade do processo*. 8ª ed., São Paulo: Malheiros, 2000.

DIÓGENES, Christianne Fernandes C. "Penhora 'on-line' e efetividade da prestação jurisdicional". *Repertório de Jurisprudência IOB*, n. 24, v. II, dezembro 2003.

DUARTE, Radson Rangel Ferreira. "O fenômeno da patrimonialidade". *In*: ARANTES, Delaíde Alves Miranda; DUARTE, Radson Rangel Ferreira. *Execução trabalhista célere e efetiva: um sonho possível*. São Paulo: LTr, 2002.

FAVA, Marcos Neves. "Penhora 'on line' e o bloqueio de créditos futuros. A quem serve a execução de título judicial trabalhista?" *Genesis — Revista do Direito do Trabalho*, Curitiba, março 2002.

GARCIA, Gustavo Filipe Barbosa. "A penhora 'on-line' e o convênio BACEN/TST". *Repertório de Jurisprudência IOB*, n. 17/2002, Caderno 2, setembro 2002.

GIGLIO, Wagner D. *Direito processual do trabalho*. 10ª ed., São Paulo: Saraiva, 1997.

GÓMES, Lineu Miguel. "Penhora 'on line'". *Suplemento Trabalhista LTr*, São Paulo, ano 40, n. 30, 2004.

GOULART JÚNIOR, João (Chefe-Adjunto do Banco Central). *Explicações colhidas no site Tribuna do Direito*, março 2005.

HARADA, Kiyoshi. "Lei Complementar n. 118/05 e a indisponibilidade de bens e direitos". *Jus Vigilantibus*, Vitória, 21 de fevereiro de 2002.

LEITE, Carlos Henrique Bezerra. *Curso de direito processual do trabalho*. 3ª ed., São Paulo: LTr, 2005.

MACHADO, Gabriel da Silva Fragoso. "Penhora 'on line': credibilidade e agilidade na execução trabalhista". *Jus Navigandi*, Teresina, ano 8, n. 395, 2004.

MALLET, Estêvão. "Anotações sobre o bloqueio eletrônico de valores no processo do trabalho (penhora 'on-line')". *Revista do Tribunal Superior do Trabalho*. Brasília, v. 70, n. 1, 2004.

MARINONI, Luiz Guilherme (Org.). "Efetividade do processo e tutela antecipatória". *In: O processo civil contemporâneo*. Curitiba: Juruá, 1994.

_______ *Novas linhas do processo civil*. 4ª ed., São Paulo: Malheiros, 2000.

MARTINS, Rafael Lara. "A reforma processual e o novo rol de bens absolutamente impenhoráveis do art. 649 do CPC após a Lei n. 11.832/2006". *Repertório de jurisprudência IOB*, v. III, n. 6, março 2007.

MARTINS, Sérgio Pinto. *Direito processual do trabalho*. 22ª ed., São Paulo: Atlas, 2004.

MORAES, Alexandre de. *Direito constitucional*. 15ª ed., São Paulo: Atlas, 2004.

NASCIMENTO, Amauri Mascaro. *Curso de direito processual do trabalho*. 18ª ed., São Paulo: Saraiva, 1998.

_______ *Curso de direito do trabalho*. 9ª ed., São Paulo: Saraiva, 1991.

NEGRÃO, Theotônio; GOUVÊA, José Roberto F. *Código de processo civil e legislação processual em vigor*. 36ª ed., São Paulo: Saraiva, janeiro 2004.

OLIVEIRA, Daniel Natividade R de; FILETI, Narbal Antônio Mendonça. "Penhora de salário, de ganhos decorrentes de trabalho autônomo e de valores depositados em cadernetas de poupança, frente à execução de credor trabalhista: análise sob o prisma do princípio da proporcionalidade". *Revista LTr*, v. 71, n. 2, fevereiro 2007.

SANTOS, Moacyr Amaral. *Primeiras Linhas de Direito Processual Civil*. 14ª ed., São Paulo: Saraiva, v. 2, 1991.

SILVA, Antônio Álvares da. *Penhora 'on line'*. Belo Horizonte: RTM, 2001.

TEIXEIRA FILHO, Manoel Antonio. *Breves apontamentos à Lei n. 11.382/2006, sob a perspectiva do processo do trabalho*. No prelo.

_______ *Execução no processo do trabalho*. 4ª ed., São Paulo: LTr, 1994.

THEODORO JÚNIOR, Humberto. *Curso de direito processual civil*. 41ª ed., Rio de Janeiro: Forense, v. 1, 2004.

VIANA, Márcio Túlio. "A proteção social do trabalhador no mundo globalizado". *Revista da Associação Nacional dos Magistrados do Trabalho*, Brasília, n. 37, agosto 1999.

WALDRAFF, Célio Horst. "Contribuição para o debate sobre os créditos trabalhistas na falência: competência e outras questões". *In*: COUTINHO, A.R.; DALLEGRAVE NETO, J. A; GUNTHER, L. E. (Coord.). *Transformações do Direito do Trabalho*. Curitiba: Juruá, 2000.

______ *Direito adquirido e (in) segurança jurídica* — as diferenças salariais dos planos econômicos. São Paulo: LTr, 2000.

ZANGRANDO, Carlos Henrique da Silva. "Penhora 'on-line' e o sigilo bancário". *Revista LTr*, São Paulo, v. 66, n. 9, setembro 2002.

ZAVASCKI, Teori Albino. *Comentários ao código de processo civil*. São Paulo: Revista dos Tribunais, v. 8, 2000.

Produção Gráfica e Editoração Eletrônica: **LINOTEC**
Capa: **ELIANA C. COSTA**
Impressão: **GEOGRÁFICA EDITORA**